콘텐츠 머니타이제이션

Content Monetization

더에스엠씨그룹(The SMC Group)은 디지털 콘텐츠 사업 전반에 효율적인 마케팅 솔루션을 제공하는 소셜 미디어 에이전시입니다.
더에스엠씨콘텐츠연구소(The SMC Content Lab)는 마케팅 트렌드와 MZ세대 소비자를 포함한 영 타깃을 연구하는 콘텐츠 컨설턴트입니다.

플랫폼의 승부처, 콘텐츠 대전 2022

콘텐츠
머니타이제이션

더에스엠씨콘텐츠연구소 김용태

Content Monetization

FILTERING CONSUMER
CONTENT-MENT
SOCIAL CREW
BEST IDENTITY
HYPER DIGITALIZATION

작가
출판

언택트 사회에서 발발한 플랫폼 대전. 오프라인의 대체를 뛰어넘어 시장을 이끄는 온라인의 변혁은 미래형이 아니라 현재형이다. 이 책은 오프라인을 온라인에 구겨 넣으려 하지 않는다. 온라인이 그 자체로 생존하도록 숨을 불어 넣는 디지털라이제이션의 해답을 제시한다. 업계 전문가에겐 새로운 연구 과제를, 기업에는 새로운 기회를 찾는 통찰력을 제공할 것이다. 김용태 대표와 조직이 지금껏 그래왔듯 혁신을 주도하며 도약하길 바란다.

— 이유재 서울대학교 경영대학(원)장

세상이 디지털로 탈바꿈했다. 자고 나면 새로운 뉴미디어가 등장한다. 알다가도 모를 디지털 세대들이 열광하는 트렌드를 쫓아가기 바쁘다. 이 책에는 소비권력층으로 부각한 MZ세대에 대한 분석, 그런 소비층을 공략할 디지털 플랫폼별 활용 전략과 마케팅 노하우까지, 브랜드와 소비자를 연결하는 '하우 투'가 모두 담겨있다. 브랜딩과 세일즈 사이에서 줄타기하며 고민하는 마케터들에게 더할 나위 없이 좋은 레퍼런스 북이 될 것이다.

— 김낙회 한국광고총연합회 회장

소비자의 마음을 움직이는 콘텐츠는 어떻게 만들어야 하는가? 마케터라면 누구나 필요한 조언을 이 책에서 찾을 수 있다. MZ세대에 대한 깊이 있는 분석부터 뉴미디어 플랫폼 운영 전략에 이르기까지. 독자가 책을 통해 디지털 마케팅 트렌드에 꼭 맞는 콘텐츠 전략을 세울 수 있기를 희망한다.

— 김철웅 에코마케팅 대표이사

마케팅과 트렌드는 떼려야 뗄 수 없는 필수 조건이다. 그렇다고 트렌드만이 넘실대는, 마케팅이라는 학문 자체의 기본기가 없어선 사상누각이다. 그런 의미에서 이 책은 요즘 가장 핫한 타깃 MZ 세대의 트렌드를 일목요연하게 정리하면서도 브랜드 마케팅의 중심을 잃지 않고 있다. 넘쳐나는 각종 트렌드 저서 중에서 단연 돋보이는, 그래서 브랜드를 키워나가고 Integrated Marketing Communication을 업으로 삼거나 혹은 관심이 있는 사람이라면 유의미하고 유익한 책이다. 김용태 대표는 넘치는 에너지와 지치지 않는 노력을 다양한 마케팅 분야의 실험적, 그리고 성공적 결과로 방증한다. 그래서 더에스엠씨그룹은 향후 발전 가능성을 의심할 필요가 없는, 그 미래가 더욱 기대되는 마케팅 기업이다.

— 김지은 삼성전자 한국총괄 모바일마케팅 프로

"정답은 콘텐츠에 있다!" 필자가 몸담은 언론계에서 '금과옥조'처럼 받아들여지는 말이다. 단 최근 들어 한 가지가 더 붙었다. '디지털'이다. 어느 산업에 종사하든 '디지털'이 초미의 관심사라는 사실을 부인할 이는 없을 것이다. 김용태 대표는 '디지털'과 '콘텐츠'에서 한 걸음 더 나아간 화두를 제시한다. 바로 '머니타이제이션'이다. 기업 입장에서 본다면 콘텐츠가 됐든, 디지털이 됐든 치열한 경쟁 시대를 이겨낼 수익모델을 찾는 게 목표라고 할 수 있다. 김 대표는 다소 두루뭉술하게 끝날 수 있는 두 가지 키워드를 토대로 구체적인 수익모델 창출 방안을 만들어냈다. 1인 기업으로 출발해 국내 최고의 '디지털 콘텐츠' 기업을 일궈낸 그의 경험을 녹여낸 이 책의 일독을 권한다.

— 명순영 매경이코노미 차장

기성세대에게는 알쏭달쏭한 존재인 MZ세대는 연일 새로운 일상을 만든다. 이 책은 새로운 소비 권력으로 떠오른 MZ세대를 이해하고 그들을 움직이는 방법까지 쉽고 재미있게 설명한 안내서다. 김용태 대표가 콘텐츠 사업 분야에서 수천 번의 도전과 실험을 해 온 현직자이자 미디어 커머스를 통한 D2C까지 통달한 전문가이기에 가능했다. 독자에게 이 책은 뉴미디어 플랫폼에 대한 새로운 관점을 제시해 줄 것이다.

— 유윤정 조선비즈 생활경제부장

콘텐츠가 밥 먹여주는 시대를 위한 본격 트렌드 북이 나왔다. MZ세대 구성원 500명이 모여 콘텐츠 마케팅의 진수를 보여주고 있는 더에스엠씨그룹의 산 경험과 지혜가 농축된 책이다. MZ세대의 미디어, 커머스 생활을 다각도에서 분석하고 더에스엠씨그룹이 성공적으로 진행했던 프로젝트의 뒷얘기도 공개했다. 허울 좋은 신조어 잔치만 가득한 트렌드 북이 지겹다면, 실제 데이터와 경험 사례로 알차게 채워진 이 책을 추천한다. 콘텐츠 커머스 위너들의 비장의 무기를 여기서 찾아보자.

— 하대석 쿠팡 커뮤니케이션실 이사

2019년 캘리포니아 버스 안 우연히 처음 이야기를 나누었던 김용태 대표는 새로운 것에 심취하고, 무한한 미래의 가능성을 두드리고 찾아가는 열정의 경영인이었다. 이 책은 20대 창업을 통해 일구어낸 김용태 대표만의 뉴미디어에 대한 세대를 관통하는 엣지와 보통은 지나칠 법한 일상 속 트렌드의 맥을 짚어주고 있다. 지금 트렌드의 핵심을 원하는 독자라면 꼭 한번 읽어봐야 할 필독서!

— 최석 요기요 부사장

책을 읽는 내내 저자와 한없이 진지하게 대화하기도 하고 때론 엉덩이가 들썩, 입에 침이 튈 정도로 생동감 있게 토의하는 기분이었다. 그만큼 디지털 콘텐츠에 대한 저자의 열정과 혜안이 이 책 속에 그대로 담겨 있다. 디지털 마케팅 실무에 계신 분들이라면 이 대화의 장에 양팔 걷어붙이고 끼어들고 싶은 충동을 느낄 것이다.

— 이건화 LG생활건강 디지털마케팅 부문장

디지털 콘텐츠 솔루션을 찾는 이에겐 반듯한 교과서 같은 책. 읽다 보면 무수한 시도 끝에 훌쩍 커버린 기업의 성장영화 같은 책.

— 이예훈 제일기획 제작본부장

F=ma. 뉴턴이 법칙화하기 전까지 자연계의 모든 운동은 그저 눈에 보이는 현상이었다. 그 안에서 숨 쉬고, 일하고, 움직일지언정 세상을 지배하는 그 거대한 비밀은 알 수 없었다. 언제부턴가 우리는 디지털 안에서 숨 쉬고, 일하고, 움직이고 있다. 하지만 그것이 24시간을 감싸고 있음에도 그 모두를 하나로 꿰뚫는 통찰은 찾기 힘들었다. 이 책은 우리에게 '콘텐츠'란 무기로 망망 디지털의 바다를 지배해 나가는 잘 정리된 법칙을 일목요연하게 제시하고 있다. 디지털 세상을 움직이는 단 하나의 힘, '만유콘텐츠의 법칙' 말이다.

— 김대원 HS애드 ECD

더에스엠씨그룹과 같이 일하면서 느낀 점은 트렌드를 정확히 읽고 디테일에 강하다는 거다. 그 내공은 시장을 바라보는 김용태 대표의 인사이트와 콘텐츠 기획과 디지털 미디어의 특성을 제대로 이해하고 있는 조직원의 결합에 기인한다. 이 책의 전반은 그간 더에스엠씨그룹의 다양한 경험으로 채워져 있어 온라인 마케팅의 기본서로도 충분하다. 후반에서는 브랜드 커머스 성공을 위한 핵심 요소로 DNVB를 제시, 실제 사례를 통해서 D2C 커머스를 이해하는 데 큰 도움을 준다.

— 박종오 농심 D2C몰 추진팀 리더

신흥소비권력 MZ세대, 디지털 환경에서 성장한 이들은 생각과 소비하는 방식이 기존 세대와 다르다. 이 책은 MZ세대 고객과 호흡하기 위해 브랜드 자체도 디지털 네이티브일 필요가 있다는 관점을 제시해 준다. 디지털 플랫폼에서 브랜드가 탄생해 직영몰에서 제품을 론칭하고 그 안에서 디지털 콘텐츠로 고객과 관계를 쌓고 함께 성장한다는 개념이다. 많은 실험 끝에 의미 있는 성공사례를 쌓고 있는 더에스엠씨그룹 김용태 대표는 MZ세대 고객과 호흡하는 방법을 쉬운 언어로 알려준다.

— 김종석 모노리스 CEO

브랜드화된 콘텐츠와 디지털화된 채널이 다양한 스타일의 소비를 유도하는 세상이다. 더에스엠씨그룹 설립자인 저자 김용태 대표는 지난 11년간의 디지털 마케팅 경험을 녹여내어 MZ세대 소비 트렌드를 분석, 이커머스 플랫폼의 화두인 D2C 비즈니스 미래를 예측한다. 개인화된 채널과 콘텐츠를 무기로 세상을 살아갈 미래 세대들이 꼭 읽어볼 역작이다.

— 남강욱 ACPC 부사장

신소비권력이 된 MZ세대의 생각과 소비 궤적에 대한 족보를 훔쳐보는 느낌이다! 이 책은 MZ세대를 매혹할 콘텐츠로 머니타이제이션하는 노하우를 과감히 공개하며, 평소 김용태 대표에게 느낀 것처럼 독자들에게 과하게 착한 지침서가 될 것이다.

— 계명하 SK에너지 Platform & Marketing Professional Manager

바야흐로 콘텐츠 홍수의 시대다. 콘텐츠 흐름의 선봉에 서있는 세대를 공략하지 못한다면 훌륭한 제품과 서비스를 만들었더라도 잠음에 잠길 수 있다. 김용태 대표와 더에스엠씨그룹은 2009년부터 지금까지 시대의 흐름을 선도하는 세대를 이해하고 이들에게 선택받는 브랜드를 조력해왔다. 책에는 그들의 통찰력이 가득하다.

— 손호준 스톤브릿지벤처스 이사

소셜이 미디어가 될까?

미디어가 소셜이 될까?

소셜 미디어가 유통 혁신을 이끌까?

소셜 미디어가 비대면 비즈니스를 이끌까?

⋮

"정답은 콘텐츠에 있다!"

콘텐츠에서 정답 찾기

여기 커다란 병이 있습니다. 여러분 앞에는 바위, 자갈, 모래, 물이 놓여 있고요. 이 네 가지 물질로 병을 가득 채워야 한다면, 어떻게 하실 건가요? 대부분은 가장 부피가 큰 돌과 자갈로 병을 모두 채울 수 있다고 생각할 겁니다. 하지만 오돌토돌한 표면이 맞닿지 못해 구석구석 미세한 틈이 생기죠. 그보다 작은 공간을 공략하기 위해 모래를 넣기 시작할 건데, 제아무리 미세한 알갱이라 해도 퍼즐처럼 맞닿지는 못하거든요. 그 사이사이를 메울 수 있는 게 바로 마지막 남은 물입니다. 결국 가장 작은 결합의 물 없이는 100%를 달성하지 못하는 거죠.

　마케팅을 바라보는 관점도 이와 비슷합니다. 병을 채우는 것을 소비자를 고객으로 만드는 행위에 비유해 볼게요. 바위-자갈-모래-물은 콘텐츠로, 각각의 크기는 규모에 빗대 이해할 수 있습니다. 예컨대 바위 콘텐츠는 소비자에게 브랜드 메시지를 묵직하게 전달하는 블록버스터의 성격을 지닙니다. 커다란 전광판에 띄워져 보는 이에게 강렬한 영감이나 감동을 주는 캠페인 영상처럼 말이죠. 자갈 콘텐츠는 브랜드와 소비자를 연결해 주는 콘텐츠인데요. 많은 브랜드는 이 단계에서 인플루언서와 협업하거나 대중적인 프로그램에 PPL을 합니다. 친숙하게 다가갈 수 있지만, 기획이나 제작 단계에서 절대 적지 않은 시간과 자본이 요구되죠.

그렇다면 꼭 바위와 자갈 콘텐츠로 소비자와 소통해야 할까? 좀 더 작은 규모에서 출발하거나 동시에 시너지를 낼 수는 없을까? 여기서 주목한 게 소비자에게 빈틈없이 스며드는 모래와 물, 소셜 미디어 콘텐츠입니다. 매주 알람을 받는 유튜브 채널, 이동 시간에 넘겨 읽는 인스타그램 카드 뉴스, 자기 전에 보는 짧은 틱톡 영상, 그 몇 초가 쌓여 일상이 되거든요. 우리가 이 책을 집필한 이유가 바로 여기 있습니다.

그러기 위해서는 물과 모래를 스펀지처럼 흡수하며, 새로운 사회 권력으로 급부상한 디지털 세대에 대한 이해가 필요합니다. 1부에서는 이들은 디지털 환경 변화를 기준으로 네 세대로 분류하고, 소비자의 관점에서의 심리를 이해 및 분석하고자 했습니다. 그리고 누구나 쉽게 이해할 수 있도록 지금의 마케팅 트렌드를 키워드로 압축했고요. 2부에서는 세대교체로 인한 시장의 변화에 주목했습니다. 소비자의 마음을 움직여서 구매를 완성하는 전략을 완성하기 위해 이커머스의 흐름을 짚고, 디지털라이제이션의 미래를 예측했습니다. 그리고 3부를 통해 실질적인 뉴미디어 운영 전략을 정리해봤고요. 4부에서는 우리가 수천 번의 실험 끝에 완성한 뉴미디어 플랫폼에 관한 이야기를 나누어 보려 합니다. 이 책이 여러분이 꿈꾸는 가능성을 실현해가는 지표가 되길 바라며 글을 마칩니다.

더에스엠씨그룹 대표이사 · 더에스엠씨콘텐츠연구소 소장
김용태

목차

1부   신新소비권력을 꿰뚫는 키워드 15

4부 　뉴미디어 플랫폼 연구 _____

프롤로그

MZ는
한 세대가
아니다

여러분은 어떤 세대에 속해 있나요? 세대란 공통의 체험을 기반으로 하여 공통의 의식이나 풍속을 전개하는, 일정 폭의 연령층을 의미하는 단어입니다. 반듯하게 나누기는 어렵지만 과거엔 약 30년을 기준 단위로 삼았습니다. 20세기를 움직이던 X세대만 해도 1960년대와 1970년대에 태어난 세대를 아울렀죠. '바쁘다 바빠 현대 사회 알쏭달쏭 디지털세상'에서는 신인류 MZ세대가 중심축을 이루고 있는데요. 세상의 이해와 달리, MZ세대는 하나로 묶이는 집단이 아니랍니다. 밀레니얼과 Z세대를 통칭하는 이 세대는 그 어느 때보다 작은 단위로, 촘촘히 다른 세상을 살고 있거든요.

신新 소비권력이 된 MZ

PC세대부터 메타버스세대까지

'요즘 애들'로 분류되던 MZ세대가 전체 인구에서 차지하는 비율, 얼마나 될까요? 2020년 통계청 자료를 기반으로 한 조사들에 따르면, 35~44%로 절반 가까이를 차지합니다. 기성세대와 상이한 가치관과 생활 방식으로 시장의 연구 대상이 된 세대. 모든 시장이 너 나 할 것 없이 공략 중인 이 집단은 왜, 그리고 어떻게 다른 걸까요? 이야기를 시작하기 위해선 MZ세대의 정의를 재정립할 필요가 있습니다.

MZ세대는 1981년부터 2000년생 밀레니얼 세대와 2001년 이후 탄생한 Z세대를 통칭합니다. 얼핏 청년층으로 묶일 법하지만, 사실 이 안에는 10대부터 30대까지 다양한 연령층이 분포하고 있는데요. 더에스엠씨콘텐츠연구소는 이들을 네 단계로 구분합니다. 저마다 어떤 디지털 기술의 영향을 받았는지를 기준으로 말이죠.

밀레니얼 전기(1981~1990년생)가 PC의 출현을 가장 가까이 지켜봤다면, 밀레니얼 후기(1991~2000년생)는 스마트폰과 태블릿을 통해 모바일로 이주했습니다. 2010년 이후 소셜 미디어가 눈부시게 성장할

MZ세대별 콘텐츠 소비 트렌드 ———————————

	PC	MOBILE	SaaS	METAVERSE
	밀레니얼 1세대 (1981~1990)	밀레니얼 2세대 (1991~2000)	Z세대 (2001~2010)	알파세대 (2011~2020)
소비 진입기	2000~2009	2010~2019	2020~2029	2020~
E-commerce	이커머스 대두	소셜커머스 이커머스 전성기	라이브 커머스	블록 체인 버츄얼 스토어
Media	포털서비스	소셜 미디어	라이브 스트리밍	VR AR MR
Communication	버디버디, 네이트온	카카오톡	소셜 메신저 보이스 DM	
Game	PC 게임	모바일 게임	소셜 게임	

수 있던 데에는 이들의 역할이 가장 컸죠. 모바일이 성숙기를 맞으며 디지털 네이티브, Z세대(2001~2010년생)의 시대가 왔습니다. 전 세계 마케터가 가장 치열하게 연구 중인 세대인데요. 취향과 가치관이 굳혀지지 않아 이동이 가장 자유로운 소비군이기 때문이죠. 마지막, 밀레니얼 부모를 둔 알파세대(2011년생 이후)는 기기와 화면으로 소통합니다. 유년기 때부터 직접 정보를 탐험하면서 시장의 소비자로 활동하고 있죠. 모바일 금융 앱으로 용돈을 관리하고 자신에게 필요한 재화를 직접 골라 주문합니다.

어떤가요? 여러분의 예상보다 넓은 범주와 세세한 분류에 놀랐을지 모릅니다. 사실 우리가 말하는 'MZ세대 트렌드' 혹은 'MZ세대형 마케팅'은 밀레니얼 후기와 Z세대를 대변하는 것에 가깝습니다. MZ

의 문을 연 밀레니얼 전기와 영역을 확장 중인 알파세대의 힘을 무시할 수는 없지만, 아직 핵심 타깃은 아니라는 거죠. MZ세대의 기준을 확실히 잡았다면 이제 이들을 파악해 보아야 하는데요. 사회/가치관/관계/콘텐츠/소비라는 다섯 가지 부문에 나누어 MZ세대 마케팅 트렌드를 키워드로 정리해 보았습니다.

사회 - 하이퍼 디지털라이제이션

뉴욕 타임스 칼럼니스트 토머스 프리드먼Thomas Friedman은 세계가 코로나 바이러스 이전인 BCBefore Corona와 그 이후인 ACAfter Corona로 나뉠 것이라 예견했습니다. 그의 말처럼 다양한 생활 양식이 몰라보게 변화했습니다. 이제 우린 화상으로 회의를 하고, 강의를 듣습니다. 거리를 수놓던 오프라인 상점은 작은 스마트폰 화면으로 들어왔죠. 디지털을 기반으로 한 콘텐츠 트래픽Content traffic이 로케이션 트래픽Location traffic의 보완재가 아닌 대체재로 자리 잡게 된 것입니다. 대부분의 일과를 집에서 보내게 된 MZ세대 또한 흐름에 탑승, 미디어의 변화를 타고 보다 진화한Hyper 디지털라이제이션Digitalization을 실현해가고 있습니다.

가치관 - 베스트 아이덴티티

다채로운 경험을 추구하고 낯선 설렘을 즐기는 MZ세대. 이들은 실감實感세대라고 불릴 만큼 직접적인 경험을 선호합니다. 보고 듣는 데 그치지 않고, 주체적으로 행동하는 것에서 가치를 찾는 것입니다. 또한 자신의 신념을 피력하기 앞서 직접 행동하는 데 의의를 두죠. 달성하고 싶은 목표가 생기면 자투리 시간을 쪼개거나 어떨 땐 휴일 반납을 서슴지 않습니다. 가장 나답되 최상의 자아를 찾으려는 이들의 가치관은 '베스트 아이덴티티$^{Best Identity}$'라는 용어로 설명할 수 있습니다.

관계 – 소셜 크루

MZ세대는 일면식 없는 상대와도 공통사가 있으면 금세 소속감을 느낍니다. 이러한 양상은 온라인 곳곳에서 쉽게 찾을 수 있는데요. 카카오톡 오픈 채팅방, 유튜브나 페이스북 커뮤니티, 틱톡 등에서 비슷한 경험과 고민을 공유하면서 서로를 다독이곤 합니다. 왜냐고요? 여기서 만난 인친들은 얼굴을 마주하지 않아도, 오히려 매일 살을 맞대고 생활하는 친구들보다 훨씬 나를 잘 알고 이해해 주거든요. 온라인에서 탄생한 관계는 오프라인 이상의 친목을 자랑합니다.

콘텐츠 – 콘텐츠먼트

Contentment은 내용물^{content}이 채워지면서 느끼는 만족감을 의미합니다. 그렇다면 콘텐츠로 얻는 즐거움을 '콘텐츠먼트'라고 칭하면 어떨까요? 바로 이 단어가 MZ세대를 대변합니다. MZ세대는 콘텐츠에 주목합니다. 어떤 세대가 안 그렇겠냐만, 이들이 환호하는 콘텐츠는 뚜렷한 정체가 있습니다. 화려한 이미지나 영상이 아닌, 서사가 되는 이야기와 배경이 되는 세계관. 잘 만든 콘텐츠야말로 이들의 소비를 유발하는 트리거입니다.

소비 – 필터링 컨슈머

MZ세대 소비자는 자신의 목소리에 귀 기울입니다. 제품이나 서비스를 선택하기에 앞서 나에게 가장 효율적이고 합리적인 방식을 고려하죠. 물론 타인의 목소리를 듣는데도 적극적입니다. 다만, 자신이 세운 규칙에서 벗어나거나 믿을 수 없다고 판단되는 것은 가차 없이 외면하고요. "가장 잘 한 소비는 나의 기준을 만족한 소비다." 똑똑하게 성장한 MZ세대 소비자의 구매 결정 과정을 낱낱이 파헤쳐 봅시다.

1부

신新 소비권력을 꿰뚫는 키워드 15

MZ세대를 이해했다면 주도권을 잡을 차례입니다. 새로운 해, 이들은 어디에 안착할까요. 새로운 소비 권력을 제대로 공략할 만한 마케팅 전략은 또 무엇일까요. 개념부터 정리하기 버거운 분들을 위해 준비했습니다. 더에스엠씨그룹이 수만 건의 뉴미디어 콘텐츠를 제작하며 축적한 데이터를 토대로 더에스엠씨콘텐츠연구소가 MZ세대를 관통할 15대 키워드를 선정했습니다. 정답으로의 직행은 아니더라도 더 나은 방향으로 가는 길이 될 거라 믿습니다. 모두에게 MZ세대는 처음이니까요.

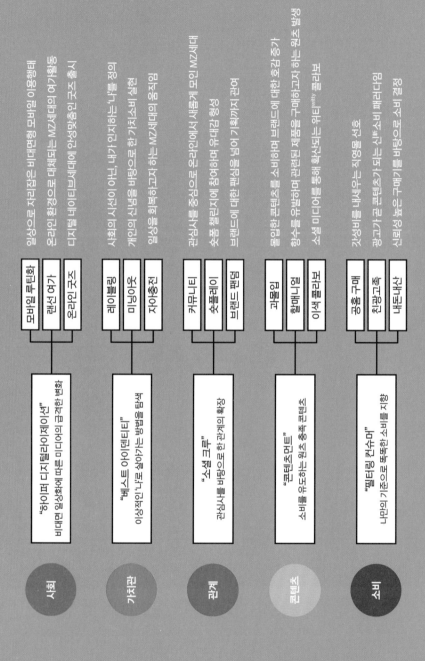

사회 — "하이퍼 디지털라이제이션"
비대면 일상화에 따른 미디어의 급격한 변화

- **모바일 루틴화** — 일상으로 자리잡은 비대면형 모바일 이용행태
- **랜선 여가** — 온라인 환경으로 대체되는 MZ세대의 여가활동
- **온라인 굿즈** — 디지털 네이티브세대에 안성맞춤인 굿즈 출시

가치관 — "베스트 아이덴티티"
이상적인 '나'로 삶아가는 방법을 탐색

- **레이블링** — 사회의 시선이 아닌, 내가 인지하는 '나'를 정의
- **미닝아웃** — 개인의 신념을 바탕으로 한 가치소비 실현
- **자아충전** — 일상을 회복하고자 하는 MZ세대의 움직임

관계 — "소셜 크루"
관심사를 바탕으로 한 관계의 확장

- **커뮤니티** — 관심사를 중심으로 온라인에서 새롭게 모인 MZ세대
- **숏폼플레이** — 숏폼 챌린지에 참여하며 유대감 형성
- **브랜드 팬덤** — 브랜드에 대한 팬심을 넘어 기획까지 관여

콘텐츠 — "콘텐슈머"
소비를 유도하는 원츠 충족 콘텐츠

- **굿몰입** — 몰입한 콘텐츠를 소비하며 브랜드에 대한 호감 증가
- **함께니멀** — 함수율을 유발하며 관련된 제품을 구매하고자 하는 원츠 발생
- **이색 콜라보** — 소셜 미디어를 통해 확산되는 위티witty 콜라보

소비 — "필터링 컨슈머"
나만의 기준으로 똑똑한 소비를 지향

- **공동 구매** — 갓성비를 내세우는 직영몰 선호
- **친환고족** — 광고가 곧 콘텐츠가 되는 신新소비 패러다임
- **네돈내산** — 신뢰성 높은 구매후기를 바탕으로 소비 결정

01

삶에 스며든
모바일 루틴화

Medium

Media의 어원은 중간을 뜻하는 Medium에서 나왔습니다. 세상과 우리를 '중간'에서 연결해 주는 미디어는 시대 흐름에 맞춰 변합니다. 기술 발전으로 디지털 기기가 보급되면서 스마트폰 하나로 모든 일을 처리하게 되었습니다. 경제 규모가 커지고 개인화 현상이 퍼지면서 1인 미디어가 탄생했고요. 그렇다면 이례적인 팬데믹 사태 이후 미디어는 어떻게 변화했을까요? 원만한 상승 곡선을 그리던 미디어의 발전 속도가 가속 페달을 밟은 것처럼 빨라졌습니다.

이제 미디어는 일상이 되었습니다. 팬데믹이 확산된 2020년, 한국방송광고진흥공사의 〈3월 소비자 조사〉에 따르면 10명 중 7명은 외부 활동을 자제한다고 답했습니다. 생활 반경이 실내로 한정됨에 따라 특히 모바일 미디어 소비가 절대적으로 증가했습니다. TV 속 콘텐츠가 유튜브로 들어오고 무거운 PC 대신 스마트폰을 쥐게 되면서, 미디어의 접근성이 높아졌거든요. 헬스장에서 하던 운동을 유튜브를 통해 홈트로 하거나, 서점에서 읽을 책을 오디오북으로 들을 만큼 콘텐츠도 다양해졌습니다.

자, 그렇다면 모바일과 가장 친한 MZ세대는 어떤 일상을 보내고 있을까요? 더에스엠씨콘텐츠연구소는 세대별 모바일 소비 행태를 파악하기 위해서 밀레니얼 후기 2명(직장인, 취준생)과 Z세대 2명(대학생, 고등학생)을 대상으로 심층 인터뷰를 진행했습니다.

하루 평균 7시간

본격적인 인터뷰에 앞서 네 명의 스마트폰 스크린 타임을 조사했습니다. 이들은 하루 평균 7시간 27분 모바일을 사용했으며, 가장 많은 시간을 할애한 이는 9시간 34분을 기록하기도 했는데요. 수면 시간을 제외하고 깨어 있는 시간 대부분을 모바일과 보낸다는 것을 알 수 있

인터뷰이 모바일 스크린 타임 분석

| | 밀레니얼 후기 (1991~2000) | | Z세대 (2001~2010) | |
	직장인 (28세)	취준생 (24세)	대학생 (20세)	고등학생 (18세)
스크린 타임	5시간 45분	7시간 20분	9시간 34분	7시간 11분
최다 사용 앱	1위 유튜브 2위 카카오톡 3위 티빙 4위 인스타그램 5위 네이버	1위 유튜브 2위 카카오톡 3위 인스타그램 4위 네이버 5위 페이스북	1위 유튜브 2위 에브리타임 3위 인스타그램 4위 카카오톡 5위 줌(ZOOM)	1위 유튜브 2위 콴다 3위 인스타그램 4위 구글 클래스룸 5위 쿠키런: 킹덤

었습니다.

이렇게 많은 시간을 어떻게 할애하고 있는 걸까요? 최다 사용 앱 다섯 가지를 살펴보니, 꽤 흥미로운 결과가 나왔습니다. 모든 응답자에게서 1위를 차지한 앱은 유튜브였습니다. 여가 활동, 정보 탐색, 일상 공유가 유튜브라는 한 플랫폼, 그것도 특히 모바일 앱에서 이루어지고 있었죠. Z세대가 메신저 앱 대신 소셜 미디어 앱을 사용한다는 점도 눈길을 끌었는데요. 더 자세한 내용 파악을 위해 심층 인터뷰를 진행했습니다.

미디어마다 소비하는 목적이 다르다

유튜브

저는 실용적인 정보를 찾을 때 무조건 유튜브를 이용하는 편이에요. 요리 레시피나, 가구 조립법 같은 건 텍스트로 읽는 것보다 영상으로 한 번 보고 따라 하는 게 훨씬 편하거든요. 그리고 제가 취준생이라 취업 관련한 정보도 유튜브에서 다 찾아볼 수 있어요. 네이버 카페 '독취사'나 채용 사이트 '잡코리아' 같은 곳에서는 필요한 정보를 일일이 찾기 힘들뿐더러, 신빙성이 떨어지는 정보들도 많거든요. 그런데 유튜브에서는 인사 담당자가 직접 운영하는 채널도 있고, 더 세부적으로 인성 면접은 어떻게 준비해야 하는지, 자소서는 어디부터 시작해야 하는지 등 어디서 들을 수 없는 꿀팁이 많아요.

−밀레니얼 후기 (서○○, 24세)

'검색창' 하면 어떤 이미지가 떠오르시나요? 아마 X세대 이전까지는 '네이버의 녹색 박스'를 떠올릴 겁니다. 하지만 요즘 Z세대는 유튜브의 '빨간 플레이 버튼 로고'를 떠올린다고 합니다. 2021년 나스미디어 〈2021 인터넷 이용자 조사(NPR)〉에 따르면 과반수의 응답자가 유튜브를 통해 정보를 찾으며, 특히 10대~20대 중 약 60%는 이미 유튜브를 검색 채널로 이용합니다. 우리의 인터뷰이 역시 이에 동의했는데요. 목적지 위치나 제품 가격 등 간단한 정보는 네이버로, 제품 리뷰 후기 등 자세한 정보는 유튜브로 찾아본다고 합니다.

> 저는 유튜브용 공기계만 따로 사고 싶은 정도예요. 외출 전에는 좋아하는 유튜버의 GRWM를 틀어 놓고 같이 준비하고요. 등굣길에는 하이틴 플레이리스트를 찾아서 듣고, 공부할 때는 집중력을 높여 주는 ASMR을 들어요.
>
> −Z세대 (윤○○, 18세)

Z세대는 유튜브 콘텐츠를 소위 BGM 즉, 일상의 배경음악으로 활용한다는 사실을 확인했습니다. 이전 세대가 TV 속 아침 정보 프로그램을 보고 하루를 시작했던 것처럼, 일상을 알리는 시계 역할을 맡기는 거죠. 이들에게 ASMR을 들으며 공부를 하거나 잘 준비를 하는 것은 빼먹을 수 없는 일과입니다. 그 외에, 팬데믹 이전 북적거리던 외부의 소음이 그리워 영상을 틀어 놓는다는 답변도 있었습니다.

인스타그램

저는 인스타그램을 엄청 많이 쓰는 거 같아요. 예전에는 페메(페이스북 메시지)로 소통했다면, 요새는 다들 인스타그램 DM을 쓰고 있어요. 최근 접속 시간을 알려 주기도 하고, 스토리 답장으로 가볍게 보낼 수 있거든요. 그리고 틱톡보다 릴스도 더 많이 보고 있어요. 둘러보기도 편하고, 무엇보다 도전하기 쉬운 느낌이거든요.

– Z세대 (윤○○, 18세)

예전에는 팔로잉하는 사람들의 피드를 살펴보거나, 탐색 탭에서 킬링타임용 콘텐츠를 보곤 했는데요. 요즘에는 정보 채널로도 활용하고 있어요. 일상 정보를 검색하기보다는, 핫플레이스나 맛집을 찾아보는 용으로요. 뉴스나 썰을 카드 뉴스로 일목요연하게 정리해 둔 채널을 팔로우해서 보기도 하고, 제가 좋아하는 동네는 아예 해시태그를 팔로우해서 먼저 찾아보는 편이에요.

– 밀레니얼 후기 (서○○, 24세)

Z세대의 소통 채널은 카카오톡도, 페이스북 메시지도 아닌 인스타그램 DM입니다. 인스타그램을 켜놓는 시간이 많기 때문에, 다른 앱으로 이탈하는 대신 한 곳에서 메시지를 주고받는 것이죠. 또한, 이미지에 최적화된 화면 구성의 선호도가 높게 나타났는데요. 음식이나 핫플레이스 등 이미지 중심의 정보는 인스타그램에 먼저 검색해 본다고 해요. 감각적이거나 후킹한 이미지는 '저장하기' 기능으로 아카이빙하기도 하고요. 최근에는 릴스를 통해 숏폼short-form 콘텐츠를 제작하

며 새로운 놀이 문화를 즐기는 이들도 늘고 있고요.

페이스북

요즘에는 페이스북을 거의 안 써요. 예전에는 페이스북에 킬링타임용 콘텐츠가 많았던 것 같아요. 이미지랑 텍스트 동시에 보여 줄 수 있으니까 썰이나, 재밌는 사진들을 보다 보면 1분마다 새로 고침 하는 저를 발견할 수 있었어요. 그리고 '페북 스타'라는 말이 있을 정도로 페이스북에 재미있는 인플루언서들이 많았는데요. 어느 날부터 유튜브와 인스타그램으로 옮겨 갔더라고요. 저도 서서히 멀어지면서 마케팅 레퍼런스 찾을 때 정도만 활용하고 있습니다.

– 밀레니얼 전기 (방○○, 28세)

제 주변만 봐도 미디어 중에 가장 성격이 바뀐 게 페이스북인 것 같아요. 저만해도 얼마 전부터는 정보를 얻으려고 페이스북 그룹에 가입했거든요. 취준생인 만큼 직무나 전공 관련 정보를 얻기도 하고, 채용 일정을 공유하기도 해요. 한편으로는 인스타그램처럼 남들의 '좋거나 행복한 순간' 때문에 상대적 박탈감을 느끼지 않아도 된다는 이점도 있고요.

– 밀레니얼 후기 (서○○, 24세)

페이스북은 비교적 깊이 있는 정보를 공유할 수 있는 장이 되었습니다. 일부는 인스타그램과 유튜브로 이동했지만, 페이스북 내 커뮤니티인 '그룹' 기능을 사용하는 이들이 늘어나면서 침투율은 도리어 높아졌습니다. 2000년대 네이버, 다음 등의 포털 사이트 카페 문화가 페이스북으로 고스란히 들어온 셈이죠. 이들은 각자의 관심사에 맞춰 정보를 나누고 관련 이슈를 함께 공부합니다. IT 계열의 취업 지망생들로 구성된 그룹의 소개란을 예로 들어 볼게요. '코테(코딩테스트) 기출 문제 공유합니다', '프로그래밍 공모전 떴습니다. 같이 팀 꾸리실 분 찾아요' 등 직무에 특화된 이야기를 나누거나, 기업이 직접 채용 공고를 올리는 경우도 볼 수 있습니다.

네이버 나우

학창 시절부터 라디오 애청자였는데, 작년을 기점으로 '네이버 나우'를 애용하고 있어요. 제가 아이돌 하성운 님을 좋아해서 〈심야 아이돌〉로 처음 접해 본 건데, 진짜 좋더라고요! 일단 세로화면이라 스마트폰으로 보기도 편하고, 기존 방송국의 '보이는 라디오'보다 화질도 훨씬 좋아요. 채팅으로 실시간 소통도 이루어지는데, 화면을 꺼도 플레이돼서 그냥 길 가면서 듣곤 해요.

– Z세대 (최○○, 20세)

네이버 라이브 오디오 스트리밍 서비스 '네이버 나우^{NOW}'. 10대 시청자의 MAU$^{Monthly\ Active\ Users}$* 가 출시 1년 동안 2배 이상 증가할 정도로 열렬한 사랑을 받고 있습니다. 유튜브 이용 행태에서도 볼 수 있듯, Z세대는 멀티태스킹이 가능한 오디오 콘텐츠를 선호하는데요. 나우는

---

* 월 순수 사용자 수, 사용자 한 명이 해당 기간 동안 여러 번 서비스를 이용했더라도 단 한 명으로 집계하는 방식의 지표

여기에 소통 기능을 제공하며 보는 재미를 더했습니다. 실제로 한 인터뷰이는 이용 이유에 대해 "라이브 채팅에서 좋아하는 호스트와 실시간으로 티키타카를 주고받을 수 있어서"라고 답했습니다.

카카오페이지

> 저는 웹소설을 즐겨 보는 편인데요. 여러 앱을 써봤는데 카카오페이지가 가장 좋은 것 같아요. 제가 로판물(로맨스 판타지 장르)를 주로 보는데, 카카오페이지가 여기에 특화되어 있거든요. 12시간만 지나면 바로 다음 화가 열려서 웹툰처럼 오래 기다리지 않아도 되고, 카카오톡에서 바로 이동할 수 있어서 좋아요.
>
> -Z세대 (윤○○, 18세)

카카오페이지는 카카오가 운영하는 웹툰·웹소설 플랫폼으로, 모바일에 특화된 앱입니다. 네이버웹툰 앱과는 달리 하나의 앱에서 웹툰과 웹소설, 영화, 방송 등 다양한 형식의 콘텐츠를 즐길 수 있는 장점이 있죠. 코어 팬이 많은 장르물을 보강하고, 사용자 편의성을 높이며 MZ세대 사용자를 모으고 있습니다. 일례로 한 인터뷰이는 카카오페이지에서는 자신에게 잘 맞는 작품 서칭이 용이하다고 전했는데요. 작품 별 줄거리나 댓글 반응을 일편단심인', '츤데레인'처럼 형용사 키워드로 제공하는 'AI 유저 반응'을 십분 활용한다고 합니다.

MZ세대가 미디어를 소비하는 새로운 방법

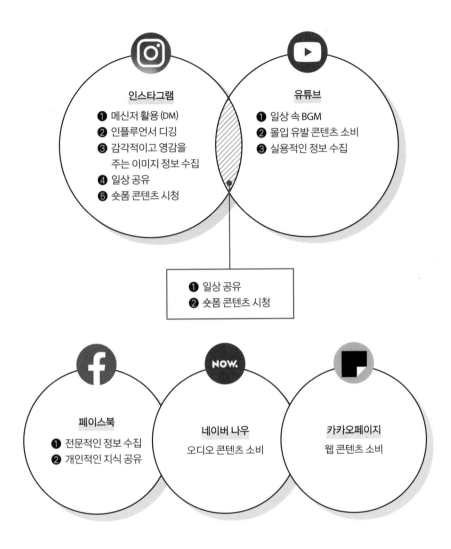

인스타그램
❶ 메신저 활용 (DM)
❷ 인플루언서 디깅
❸ 감각적이고 영감을 주는 이미지 정보 수집
❹ 일상 공유
❺ 숏폼 콘텐츠 시청

유튜브
❶ 일상 속 BGM
❷ 몰입 유발 콘텐츠 소비
❸ 실용적인 정보 수집

❶ 일상 공유
❷ 숏폼 콘텐츠 시청

페이스북
❶ 전문적인 정보 수집
❷ 개인적인 지식 공유

네이버 나우
오디오 콘텐츠 소비

카카오페이지
웹 콘텐츠 소비

또 하나의 소셜 미디어, OTT

저는 재택 근무가 늘어나면서 OTT 서비스를 엄청나게 즐겨 보고 있어요. 저는 넷플릭스랑 티빙을 구독하고 있는데요. 넷플릭스는 대세이기도 하고, 오리지널 드라마나 영화가 많아 구독하지 않으면 소외되는 느낌이에요. 유명한 외국 드라마가 정말 많잖아요. 그리고 티빙은 오리지널 예능 프로그램 때문에 챙겨 봐요. 〈여고추리반〉이나 tvN 신서유기 스페셜 〈스프링캠프〉 같은 거요. 퇴근 루틴 중 하나로 자리 잡아서 구독을 취소할 수가 없어요.

– 밀레니얼 후기 (방○○, 28세)

저는 영화 보는 걸 되게 좋아하는데, 영화관에 가지 못하면서 왓챠에 정착했어요. 사회적 거리두기에서 자유로워진다 하더라도 예전만큼 영화관을 갈 것 같진 않아요. 이미 훨씬 편한 OTT 서비스에 적응했거든요. 특히 '왓챠피디아'는 단순히 영화를 평가하고 기록하는 용도가 아니라, 또 하나의 소셜 미디어라고 생각해요. 인스타그램 피드처럼 프로필을 볼 수 있는데요. 제 별점 분포를 분석해 닉네임을 붙여 주고, 친구와 취향을 분석해 줘요. 저는 이 기록을 계속 이어가고 싶어요.

– 밀레니얼 후기 (서○○, 24세)

모바일은 미디어에 대한 MZ세대의 인식을 완전히 뒤바꾸었습니다. 대면보다 비대면에 익숙해진 거죠. 실제로 70%의 대학생(출처: 연세대 총학생회 2021년 학사제도와 관련된 설문)은 비대면 강의를 지속하는 것에 대해 긍정적인 반응을 보였습니다. 온전히 '나'에 맞춰 강의를 들을 수 있고, 훨씬 짧은 시간이 소요되니 남은 시간에 대한 활용도도 생긴다는 이유에서요.

인터뷰에서는 특히 OTT 플랫폼 사용의 증가를 확인할 수 있었습니다. 높은 퀄리티의 콘텐츠를 언제 어디서든 가장 편한 상태로 시청할 수 있기 때문인데요. 한 인터뷰이는 앞으로도 영화관을 굳이 방문하지 않을 것 같다며 "풍성한 사운드가 있거나 블록버스터 정도만 영화관에서 볼 것 같고, 대부분의 영화는 OTT를 통해서 볼 것 같다"라는 의견을 냈어요. 근 1년 여간 OTT에서만 서비스되는 콘텐츠가 흥행에 성공한 요인이 읽히는 대목이죠. 모바일 미디어가 일상에 스며들면서 생긴 변화를 압축한 단어가 바로 하이퍼디지털라이제이션입니다. 어디에 시선을 둬야 할지 감이 잡혔다면, 여기에 발맞춰 진화하고 있는 마케팅 트렌드를 탐구할 차례입니다.

02

경험을 극대화하는
랜선 여가

Home Sweet Home

MZ세대에게 집이라는 공간은 House보다 Home에 더 가까운 특성을 지니게 되었습니다. 두 단어의 의미는 같은 듯 약간 다른데요. House 가 단순히 물리적 공간이라면, Home은 정서적인 공간을 내포하고 있습니다. 의식주뿐 아니라 대부분의 일과를 집에서 보내게 되었으니, 집이 곧 쉼터이자 취미 공간이 된 거죠. 높은 몰입도, 소통의 극대화, 접근성의 확장. 디지털 네이티브 세대에게 온라인은 오히려 생경한 정보의 접근 장벽을 낮추는 역할을 합니다. 브이로그를 보며 새로운 라이프 스타일을 경험해 볼 수 있고, 리뷰를 통해 필요한 정보를 얻을 수 있죠. 어느덧 MZ세대는 영민하게 비대면 여가생활을 즐기고 있습니다.

현장보다 더 높은 몰입감

오프라인 콘서트의 장점은 현장감입니다. 나의 '최애'를 두 눈에 직접 담고, 두 귀로 모두의 함성을 들을 수 있으니까요. 그러나 랜선 콘서트는 이를 상쇄하는 몰입감을 선사합니다. 팬들이 적극적으로 무대 기획에 동참할 수 있기 때문이죠. 현대카드 DIVE '팬메이드 라이브'Fan-made LIVE는 모바일 앱과 인스타그램 사용자의 요청을 아티스트가 직접 실현하는 랜선 라이브 공연입니다. 가수 에릭남이 출연한 편의 댓글을 살펴보면 "잔잔한 커버곡 부탁드려요. 악동뮤지션 노래 추천합니다.", "요즘 부캐가 대세인데, 에릭남이 에릭남을 인터뷰하면 어떻게 될까요?" 등의 다양한 의견들이 남겨져 있습니다. 해당 요청은 모두 실제 라이브 영상에 적용되었고, 내가 바라는 대로 만들어진 무대를 마주한 팬들의 소속감과 만족도는 매우 높았습니다.

　현란한 세트 구성도 큰 몫을 차지합니다. 공연장 내 관객석이 필요 없기 때문에 다양한 무대 제작이 가능해졌는데요. 덕분에 곡의 분위기에 맞는 환경을 조성할 수 있답니다. 공연의 싱크에 맞춰 응원봉의 색깔이 바뀌는 장면을 떠올려 보세요. 시각적 효과가 극대화될 수록 관객의 집중도는 한층 커질 수밖에 없습니다.

실시간 방구석 파티

수많은 페스티벌이 잇달아 취소되며 답답함을 호소하는 파티러(파티 참가자)의 목소리가 커졌습니다. 이때 방구석에서도 즐길 수 있는 랜선 DJ 파티가 등장했습니다. DJ들이 실시간 스트리밍 서비스를 이용하기 시작한 것입니다. 퀄리티 높은 매시업 곡으로 인기를 몰고 있는 '요한 일레트릭 바흐'. 그는 야외 페스티벌에서 즐기던 EDM을 유튜브 실시간 스트리밍 'J.E.B Is Playing At My House'에서 플레이하며 파티를 기획했습니다. 첫 영상의 조회 수는 24만 회를 기록했고, '여기가 E-태원'이라는 환호의 반응도 나왔죠. 춤추고 있는 모습을 이모티콘으로 형상화하고, 실시간 채팅으로 이야기하며 오프라인에서 볼 수 없던 놀이터를 만든 것입니다.

랜선 DJ 파티가 참여자간의 소통을 도모한다면, 랜선 쇼케이스는 기업과 소비자의 소통을 극대화합니다. 2020년 11월 쌍용자동차가 진행했던 '올 뉴 렉스턴' 론칭 쇼케이스는 공식 유튜브 채널을 통해 이루어졌습니다. 메인 모델인 임영웅과 소통할 수 있는 패널 티켓은 오픈 1분 만에 매진되었죠. 기획진은 패널들이 임영웅에게 직접 질문을 던지거나, 일대일 포토타임을 가지며 쇼케이스에 적극적으로 참여할 수 있도록 유도했습니다. 그 결과 실시간 동시 접속자 3.2만 명에 관련 영상 150만 뷰를 기록, BTL^{Below The Line}* 프로모션의 방향성을 제시했다는 평을 받았습니다.

---

* 레거시 미디어 중심의 ATL^{Above The Line}과 달리, 소비자 커뮤니케이션에 중점을 둔 마케팅 방식

랜선 소비자를 잡는 전략

마이크로 타깃팅

MZ세대는 자신의 멀티 페르소나를 랜선으로 정립하는데요. 활동하는 소셜 미디어별로 다른 모습을 나타내기도 하고, 자신의 부캐에 따라 인스타그램 계정을 3개 이상 운영합니다. 즉, 한 개인에게 다수의 소셜 프로필을 도출할 수 있다는 것이죠. 마이크로한 특성을 캐치해 타깃을 공략하세요. 성별, 지역 등 단순한 분류를 넘어 사용자가 남긴 디지털 발자국에 주목해야 합니다.

체류 시간 증대

온라인은 소비자를 쉽게 끌어들이는 동시에 쉽게 놓칠 수밖에 없는 환경입니다. 앱스플라이어가 공개한 리텐션 리포트에 따르면, 1년간 (2019년 9월~2020년 9월) 앱 오픈 횟수는 30% 이상 상승했으나, 잔존율은 4%대를 보였습니다. 이것이 콘텐츠 기획 및 구성에 앞서 사용자의 편의성을 고려해야 하는 이유인데요. 인터랙션이 중요한 콘텐츠라면 실시간 소통이 가능한 플랫폼을 선정하고, 가벼운 숏폼 콘텐츠는 모바일에 최적화된 환경을 마련하는 것이 좋습니다.

커뮤니티 확장

물리적인 거리가 멀어진 만큼 MZ세대의 연결 욕구는 강해지고 있습니다. 온라인에서의 연결은 아주 사소한 공통점을 가지고도 함께 묶이는 비정형적인 커뮤니티로 나타납니다. 판을 키우고 싶은 브랜드라면 커뮤니티가 형성될 장소를 구축해야 합니다. 브랜드 유튜브 채널의 로열 오디언스^{Loyal Audience}*를 집결하기 위해 비대면 팬미팅, 워크숍을 진행하는 것도 방법이 될 수 있겠죠.

* 브랜드 가치에 공감하고 브랜드가 제공하는 경험을 중요하게 생각하는 충성 고객

03

로열티를 구축하는
온라인 굿즈

굿즈^{Goods}, 실재하는 형태가 있는 상품이나 재화

굿즈 시장에는 불황이 없습니다. 2000년대 초반 덕후 문화의 표본처럼 여겨졌던 굿즈는 2010년 이후 브랜드를 표현하는 수단으로 확대되었습니다. 그리고 2020년대 온택트$^{On\text{-}tact}$가 새로운 패러다임으로 등장하면서 한 번 더 영역을 넓혔습니다. 소유하지 않아도 사용할 수 있고, 수납하진 못해도 소장할 수 있는 디지털 세상의 콘텐츠 IP(지식재산권) 온라인 굿즈로 말이죠. 배경화면, GIF, 스티커, 이모티콘 등 다양한 종류가 있습니다. 그 주체는? 다름 아닌 MZ세대입니다.

온라인 굿즈에 담긴 팬슈머의 힘

디지털 네이티브 세대가 펜을 잡았습니다. 사각사각 소리를 내는 샤프 대신 스크린을 가볍게 두드리는 태블릿 펜을요. 이들은 교과서나 전공 서적보다는 전자 기기를 활용한 공부에 익숙합니다. 인강 시청 뿐 아니라 필기를 하고 과제를 할 때도 노트북이나 태블릿 PC를 선호하죠. 사회에서 활약 중인 밀레니얼 세대도 마찬가지입니다. 수십 장의 프레젠테이션 자료를 프린팅해 정리할 시간에 각자 파일을 다운해 메신저로 공유하면 되니까요. 그래서 MZ세대에게 패드와 탭은 소지품 이상의 가치를 지닙니다. 하드웨어를 '스꾸'(스티커 꾸미기)로 장식하고 전용 케이스를 구매하는 이유는 바로 그 때문입니다. 그러다 보니 매일 가장 많은 시간을 들여다봐야 하는 스크린 속 소프트웨어도 장식해 줄 무언가가 필요해진 거죠.

그중에서도 특히 많은 사랑을 받는 건 브랜드가 만드는 온라인 굿즈입니다. 이유가 무엇일까요? 여기엔 팬슈머$^{Fan+Consumer}$의 힘이 큽니다. 고객^{Customer}이 구매 행위자를 일컫는다면 소비자^{Consumer}는 제품 및 서비스의 사용자를 아우릅니다. 그중 팬슈머는 브랜드의 팔로워를 자처하는 로열 오디언스로, 브랜드의 콘텐츠에 적극적으로 개입합니다. 이는 크게 브랜드의 팬과 제품 및 서비스의 팬으로 나뉘는데요. 각각 브랜드가 갖는 이미지나 철학, 또는 그 활용성이나 실용성에 중점을 둔다는 점에서 차이가 있습니다. 전자가 자신의 아이덴티티를 표현하기 위해 온라인 굿즈를 활용한다면, 후자는 브랜드에 대한 신뢰감을 바탕으로 다운로드 버튼을 누릅니다. 브랜드가 주목해야 할 집단은 온라인 굿즈를 통해 브랜드에 접속한 소셜 미디어 사용자입니다. 자신이 좋아하는 스타가 모델이거나 캐릭터가 귀여워서, 스토리에 끌리거나 대세에 가담하기 위해…. 동기는 다양하지만 그걸 유발하는 콘텐츠를 구축하는 것은 간단하지 않습니다. 입문자를 팬슈머로 이끄는 마케팅 전략, 더에스엠씨그룹과 함께한 브랜드로 짚어 보겠습니다.

무료 배포가 가능한 이유

스마트폰·태블릿 PC 배경화면

진통제 '그날엔'을 만든 경동제약은 가수 겸 연기자 아이유의 파워를 아주 잘 아는 브랜드 중 하나입니다. 대형 모델이 지닌 긍정적인 이미지를 브랜딩에 적용하는 걸 넘어 확산을 위한 장치로 활용하니까요. 정기적으로 페이스북을 통해 아이유 비하인드 화보를 스마트폰 배경화면으로 무료 배포하고 있는데요. 콘텐츠당 다운로드 수가 2만에서 3만에 육박할 정도로 호응이 대단합니다. 대형 온라인 커뮤니티 및 팬 사이트를 통해 2차 공유되는 수를 생각하면 실제 도달률은 그 이상이라고 볼 수 있습니다. 이외 다양한 채널을 통해 화보를 기반으로 한 이미지형 콘텐츠를 지속적해서 공개하고 있습니다. 그 결과 인스타그램 팔로워가 1년 만에 두 배 이상 치솟았죠. 유명 홈마 못지않게 '팬아저'(팬이 아니어도 저장하는 사진과 영상)를 생산한다며 일각에서는 '홍보 담당자가 유애나(아이유 공식 팬덤)인 게 분명하다'며 우스갯소리를 주고받기도 합니다. 1차 콘텐츠 제작을 넘어 사용자가 뛰어노는 판을 제공한 셈입니다.

인스타그램 GIPHY 스티커

현대카드는 소셜 미디어 마케팅에 전력을 다하는 브랜드입니다. 인스타그램만 해도 메인 외에 리브, 프리미엄, 다이브 등 4개 이상으로 세분되고 있죠. 그중 현대카드 다이브가 2020년 연말을 맞아 진행한 온라인 이벤트를 살펴보겠습니다. 기신규 캐릭터 '진저 브레드맨'을 적용한 카카오톡 이모티콘을 제작하여 이벤트 참여자에게 무료로 배포했는데요. 재밌는 건 해당 이모티콘을 인스타그램 GIPHY 스티커로 활용했다는 점입니다. 지금도 인스타그램 스토리란에서 '현대카드 DIVE'를 검색하면 16개의 깜찍한 스티커를 확인할 수 있습니다. 소셜 미디어를 적극적으로 활용하는 소비자의 특성을 파악해 일종의 로열티를 제공한 것이죠. 이는 브랜드 CVP^{Content Value Proposition}*를 굳건히 했다는 점에서도 괄목할 만한 성과를 남긴 이벤트였습니다.

카카오톡 이모티콘

카카오톡 이모티콘 시장은 매년 40% 이상의 가파른 성장세를 보이고 있습니다. 이모티콘이 텍스트를 대체하는 새로운 콘텐츠이자 소통 문화로 자리 잡았기 때문인데요. 이에 브랜드도 발을 맞추고 있습니다. 이모티콘이라는 툴이 정보 제공은 물론 소비자와의 친밀도를 높이는 데 아주 유용하기 때문이죠. 단기간에 많은 회원을 늘릴 수 있다는 점에서 신규 브랜드나 서비스 홍보에 적합한데요. 이미 존재하는 인기 캐릭터나 계약 중인 브랜드 모델과 협업해 이모티콘을 제작했던 과거의 방식도 변화하고 있습니다. 최근 많은 기업과 공공기관 등이 직접 '브랜드 이모티콘'을 제작하는 사례가 늘고 있는데요. 이모티콘 제작과 함께 브랜드 이미지를 대표할 만한 캐릭터를 새로 론칭하는 겁니다. 비용과 제작 기간 등 추가적으로 투입되는 자원이 많지만, 이슈를

* 시장의 니즈 창출 가능성, 경쟁 우위 가능성을 가늠할 수 있는 지표. 132p 참조

일으키는데 효과적입니다.

브랜드가 온라인 굿즈로 얻을 수 있는 것

트렌드와 적용 방식에 대한 이해가 끝났다면, 이제 효용 가치를 검증할 차례입니다. "그러니까 우리가 왜 그 트렌드를 따라야 하는데."라는 질문에 대한 답을 네 가지로 정리해 보았습니다. (1) 브랜드 우호도 및 대세감 형성입니다. 소셜 미디어 사용자와의 접점을 통해 대중성을 높이는 것이죠. 이들이 해시태그를 입력하거나 키워드를 검색하고, 소셜 미디어를 팔로우하며 앱을 설치할 수록 (2) SOV[Share Of Voice][*]가 확보됩니다. 여기서 우리는 (3) 사용자 중심 콘텐츠 UGC[User Generated Content][**]의 확장 가능성을 볼 수 있는데요. 브랜드가 일방적으로 메시지를 전하는 것이 아니라, 직간접적으로 제품 및 서비스를 경험하게 하고 이를 콘텐츠화하도록 유도하여, 자발적인 확산과 공유를 이끕니다. 마지막으로 이젠 (4) 모바일 핏[Fit]한 콘텐츠가 살아남습니다. 사용자의 액션을 결정짓는 시간은 처음 몇 초에 불과합니다. 스마트폰이라는 생태에서 소비될 만큼 직관적이고 편리해야지만 선택받는다는 의미죠. 서비스에 이어 재화도 디지털라이제이션되는 시대. 오프라인에서 온라인으로 레거시 미디어에서 소셜 미디어로 움직인 것처럼, 이건 시장의 필연적인 흐름입니다. 늦지 않게 이 흐름에 탑승하세요.

* 미디어 노출 점유율
** 사용자가 직접 만드는 영상, 글, 사진 등의 참여형 콘텐츠

04

나를 발견하는
레이블링

"혹시 INFP세요?"

요즘 MZ세대는 이름 대신 MBTI를 주고받습니다. 소셜 미디어의 자기소개란에 써 놓을 만큼, MBTI증을 따로 발급해야 한다는 우스갯소리가 나올 만큼, 많은 사람들이 MBTI의 매력에 매료되어 있습니다. MBTI^{Myers-Briggs Type Indicator}는 스위스의 정신 분석학자 카를 융^{Carl Jung}의 심리 유형론을 토대로, 마이어스^{Myers}와 브릭스^{Briggs}가 고안한 자기 보고식 성격 유형 검사 도구에서 출발했는데요. 태도, 인식, 판단 기능에서 각자 선호하는 방식의 차이를 네 가지 선호 지표로 나타냅니다. 하지만 열풍과는 달리 심리학에서는 MBTI가 유의미한 검사로 여겨지지 않습니다. 맹신할 만큼 적중률이 높지 않고, 바넘 효과^{Barnum effect} *에 의한 우연일 수도 있기 때문이죠. 최근 재조명받고 있는 각종 심리 테스

---

* 보편적으로 적용되는 성격 특성을 자신의 성격과 일치한다고 믿으려는 현상

트나 인스타그램에서 핫한 빙고 릴레이도 마찬가지입니다. 그럼에도 왜 MZ세대는 이를 즐기고 자기표현의 수단으로 쓰는 걸까요?

세상이 정의하는 나를 거부하다

유년기, 성장기에 외환 위기와 경제 위기를 겪은 밀레니얼 세대는 누구보다 불안정한 환경에서 자랐습니다. 성장보단 현상 유지를 최우선으로 여기는 사회 분위기 탓에 진학에서 취업까지 규격화된 체제를 따랐죠. 이들에게 MBTI는 '○○대학교 학생', '○○ 사원' 대신 진짜 자신을 설명할 수 있는 도구가 되어 주었습니다. 심리 검사 결과에 스스로를 인지하고 유형화하면서 안정감을 얻기도 하고, 자신의 개별성을 존중받고 싶어 하는 욕구에 대해 만족을 얻기도 합니다.

　Z세대는 어떤가요. 글을 읽기 전부터 디지털 환경에 노출되어 자란 이들은 관심사를 공유하고 콘텐츠를 생산하는 데 익숙합니다. 부모님이 등록한 태권도, 피아노 학원을 다녔던 밀레니얼 세대와 달리 주도적으로 코딩을 배우거나 영상을 편집하곤 하죠. '세상이 정의하는 나'보다 '내가 인지하는 나'에 더 집중하는 세대라고 할 수 있으며, 이들에게 가장 즐거운 일은 나를 발견하는 일입니다. 질문에 답하듯 뭉뚱그려 생각했던 자신을 유형화하는 과정에서, "맞아, 난 이런 사람이야!" 하고 스스로를 찾아 가며 희열을 느끼는 것이죠.

꼬리에 꼬리를 무는 인증 놀이

MBTI로 시작된 '잃어버린 나를 찾아서' 열풍은 각종 테스트로 이어지고 있습니다. 몇 가지 질문에 답을 하면 나에게 맞는 연인 유형이나 정신 연령, 전생 등이 결과로 나오는 방식이죠. 매우 간단하고 쉽습니다. 그리고 바로 그런 점이 MZ세대의 취향을 저격합니다. 비대면 수업이 확산되며 방학이 연장되고, 집에 있는 시간이 늘어나면서 '인증용 놀이'가 필요해졌기 때문입니다. 메신저로 안부 대신 테스트 링크를 주고받으며, 사회적 거리두기로 쌓인 피로를 극복하는 것이죠.

그리고 이는 '궁합 놀이'로 확대됩니다. 내 유형과 상대 유형을 파악하면서 서로 잘 맞는지를 검증해 보는 것인데요. "우리 둘이 환상의 케미래", "사실 얘랑 나는 상극이라는데?" 등의 이야기를 나눌 수 있는, 일종의 스몰토크용 주제로도 활용이 됩니다. 〈연애 능력 테스트〉로 나와 잘 맞는 연인 유형도 알아보고, 〈반려견 관계 테스트〉로 반려동물과의 친밀도를 확인하고, 좋아하는 아이돌이나 동경하는 스타의 성격 유형과 자신의 유형을 비교하며 팬심을 강화하기도 하죠. 그리고 도출된 결과는 또 다른 인증용 게시물을 낳습니다. 꼬리에 꼬리를 무는 이 놀이는 도통 지루해질 틈이 없습니다.

나는 공유한다 고로 존재한다

인증과 공유에서 파생된 소통 현상도 재미있습니다. 유튜브 채널 〈OTR〉 영상은 조회 수에 비해 월등히 높은 댓글 수를 자랑합니다.

'남녀가 이별을 결심한 순간' 편을 살펴볼까요? 각각의 MBTI 유형이 이별을 얼마나 다르게 대처하는지를 보여 주는 영상인데요. 댓글 창에는 무려 2천여 명이 넘는 사용자가 결집되어 있습니다. "기본적으로 ENTP는 티키타카가 잘 맞아야 하고, 너무 지고지순하고 재미없으면 안 맞죠.", "INFP가 당신한테 진심으로 화를 낸다면 정말 참다가 터진 것임을 기억하세요." 등의 댓글은 수백에서 수천의 '좋아요'를 기록하고 있습니다. 그 답글에서도 '난 아닌데요?'라는 반응은 찾기 힘들지만, '역시 나도 그렇다.'라는 호응은 속출합니다. 공통분모를 가진 이들끼리 결속력을 다지며 일종의 커뮤니티를 생성하는 것이죠. 이렇게 모인 사용자는 다음 번에도 〈OTR〉을 찾을 가능성이 훨씬 높다고 할 수 있습니다.

일면식 없는 상대와도 공통사가 있으면 금세 소속감을 느끼는 MZ세대. 이들의 특성은 온라인 곳곳에서 쉽게 찾을 수 있습니다. 카카오톡 오픈채팅방에 나의 MBTI 유형을 검색하면 '소심한 직관러의 방'(IN 유형), 'ENFP를 위한 톡방' 등 수십 개의 방이 나열되는데요. 이곳에서는 성향이 비슷한 이들끼리 비슷한 경험과 고민을 공유하면서 서로 공감을 나누고 마음을 다독입니다. 때로는 자의식 과잉이라 느껴 말하기 힘들었던 자랑 아닌 자랑도 껄끄럽지 않게 터놓을 수 있습니다.

이제 게임도 마케팅이 된다

스스로 캐릭터를 부여하는 레이블링^{Labeling} 열풍, 사실 MBTI가 처음은 아닙니다. 2000년대 초반엔 혈액형(ABO형)으로 성격을 특징 짓는 방식이 유행했는데요. B형 남자가 바람둥이라는 속설 덕에 'B형 남자친구'라는 영화가 개봉하고, 2005년에는 '혈액형별 성격 특징에 대한 믿음과 실제 성격과의 관계'라는 연구 논문까지 나왔을 정도였습니다. 어쩌면 MBTI보다 훨씬 더 핫하고 오랜 인기를 누렸다고 할 수 있죠. 그럼에도 불구하고 ABO형이 MZ세대에게 통하지 않는 이유는 너무 닫혀 있기 때문입니다. 가령 A형은 소심하고, O형은 화끈하고, B형은 다혈질에, AB형은 4차원이라는 공식을 규정하여 개인을 그 틀 안에 가두는 느낌이 강하죠. 반면 MBTI의 접근법은 좀 더 니치합니다. 개인을 16개 성격으로 분류하되 각 항목별 비율까지 표기해 '개인화'하는 데 초점을 맞췄죠. 원한다면 수십 페이지에 달하는 상세 결과 값도 볼 수 있으니 사용자의 공감을 극대화하게 되는 것입니다.

실제로 네이버 키워드 분석을 살펴보면, MBTI 키워드값이 급격한 증가세를 보인 2020년부터 레이블링을 활용한 마케팅이 쏟아지고 있는데요. 이를 좀 더 효과적으로 활용하기 위해선 좀 더 전략적인 접근법이 필요합니다. 우선, 사용자의 자발적인 인터렉션이 일어날 만큼 공유하고 싶은^{Shareable} 콘텐츠를 구성하는 것이 중요합니다. '이미 알고 있는 나'처럼 뻔한 결괏값이 아닌, '몰랐던 나'를 발견하는 데 중점을 두는 것이죠. 더에스엠씨그룹은 〈방구석 연구소〉에서 자체 개발한 테스트를 선보이고 있는데요. 쇼핑, 금융, 영화, 게임 등 다양한 주제를 접목해 영역을 확장 중입니다. 〈방구석 연구소〉에 대한 이야기는 다른 장에서 자세히 이야기하도록 할게요.

05

외면과 내면의

자아충전

일상력日常力

일상을 가꾸고 살아가는 힘을 뜻하는 일상력, 들어보셨나요? 하루를 맞는 자세가 한층 곧아졌습니다. 한 해를 몽땅 바이러스에 빼앗긴 경험이 있으니, 루틴을 세워 단단히 대비하겠다는 각오겠지요. 온라인 수업과 재택근무로 집에 머무는 시간이 길어졌는데 어디서 활기를 찾냐고요? 앞서 살펴봤듯, 집에는 있어도 가만히 있을 MZ세대가 아닙니다. 이들은 무기력증을 떨쳐 내기 위해 다양한 경험을 탐닉하며 자기 관리에 힘쓰고 있습니다.

소셜 프로필로 나를 보여주다

MZ세대에게 소셜 프로필은 자신을 소개하고 타인을 알아가는 명함이자 포트폴리오인데요. 어떤 콘텐츠를 업로드하는지로 자신의 개성을 드러내고, 각종 해시태그로 이를 공유합니다. 요즘처럼 불안감이 커질 때엔 이들이 추구하는 라이프스타일이 더욱 뚜렷하게 묻어나기도 합니다. 지금 가장 핫한 소재이자 '나'라는 자아, 건강, 활기를 이어주는 매개체. 바로 운동입니다.

등산

'등산을 요즘 친구들이 즐겨 한다고?'라는 생각은 오산입니다. 2020년 프립이 공개한 데이터에 따르면 등산은 MZ세대 여가 액티비티 카테고리에서 가장 높은 점유율(39%)을 차지했습니다. 사회적 거리두기 문화가 자리잡으면서 안전한 야외 활동에 대한 수요가 커졌고, '아재 운동'이라는 인식에도 변화가 생겼기 때문인데요. 고정관념을 탈피한 등산복이 그 증거입니다. MZ세대는 기능성과 안정성을 최우선으로 하는 기존 브랜드 대신, 세련된 애슬레저룩에 스트리트 브랜드 아우터를 걸칩니다. 정상 속 인증샷에서 건강하고 힙한 내 모습이 드러나도록 말이죠.

러닝크루

MZ세대는 운동을 하면서도 관계의 확장을 꾀합니다. 혼자 운동하는 것보다는 마음 맞는 사람들과 느슨하게라도 함께하려 하죠. 이러한 니즈Needs를 바탕으로 러닝크루가 생겨났습니다. 단순히 '달린다'는 행위보다 '어떤 크루에 소속되어 운동을 하느냐'가 중요한 화두가 된 것인데요. 운동 시작 전 크루원의 리뷰를 검색하기도 하고, 들어가고 싶은 크루의 계정을 팔로우하기도 합니다. 최근에는 등산, 다이빙, 서핑 등 다양한 운동으로 규모가 확장되고 있습니다.

홈트

건강에 대한 관심은 커졌지만, 반대로 실내 운동 시설 이용은 어려워졌습니다. 헬스장 대신 운동 유튜버의 코칭에 따라 '확찐자'에 대비하는 움직임이 늘게 되었죠. 홈트레이닝을 뜻하는 '홈트' 검색량은 2020년 한 해 동안 4배 가까이(네이버 키워드 기준) 급증했으며, 여름철 실내 운동 기구 판매량 역시 20% 가량 증가(G마켓 판매 기준)했습니다. 뿐만 아니라 전 세계적으로 피트니스앱 사용량이 크게 증가했고, 틱톡은 랜덤 미션에 따라 운동을 즐기는 '10초 홈트레이닝' 스티커를 제작해 호응을 얻기도 했습니다.

기록으로 나를 가꾸다

소소하지만 확실한 성취감에 매료된 MZ세대는 최대한 쉬운 루틴을 만들어 스스로를 가꾸는 힘을 기릅니다. 처음부터 거대한 목표를 설정하는 대신 소소한 습관들을 들이는데요. 그로 인해 성취감은 더 크게 느끼지만 좌절감은 더 작게 느끼는 것이죠. MZ세대형 티끌 모아 태산이 아닐까요?

비건데이

과거 MZ세대 사이에서 마이크로 트렌드로 여겨졌던 비건[Vegan, 채식주의자]이 메가 트렌드로 자리 잡았습니다. 인스타그램에 '#나의비거니즘일기' 해시태그를 검색하면 5만여 개(2021년 6월 기준)가 넘는 비건 식단이 줄지어져 나오는데요. 하지만 이들이 비건에 도전하는 방식은 모두 다릅니다. '나 오늘부터 비건!'이 아니라, '이번 주는 하루만 비건데이!', '비건 말고 플렉시테리언^{Flexitarian}*으로 시작!' 하며 자신만의 사소한 루틴부터 만들어 나가는 것이죠.

집밥스타그램

건강하지 못한 '배달 맛'에 벗어나고자 하는 움직임이 늘었습니다. 집에 머무는 시간이 많아진 만큼, 직접 집밥을 만들며 건강을 챙기고 정서적 안정을 꾀하는 건데요. 실제 트위터에서는 건강한 재료로 만든 요리의 레시피를 공유하는 '트위터 레시피'가 인기입니다. 편리함이 최우선되었던 간편식 시장에서도 저칼로리, 곡물 가공, 과채 가공, 맞춤형 등 프리미엄을 표방한 제품이 늘고 있습니다.

운동타래

MZ세대는 운동을 꾸준히 하기 위해 스스로 동기 부여를 합니다. 인스타그램에 '운동일지' 해시태그를 남기는 것보다 세세하고 간단한 '운동타래'로요. 타래란 하나의 트윗 아래로 달린 여러 개의 트윗을 말합니다. 누군가에게 보여 주기보다는, 자신만의 기록을 남기기에 용이하죠. 매일 꼬리를 물며 이어지는 운동타래는 오늘의 동기 부여가 됩니다.

* 주로 채식을 하지만 가끔 고기나 생선도 먹는 채식주의자

저널링 루틴

Z세대 트렌드 '다꾸'(다이어리 꾸미기)는 이미 아시죠. 여기에 기세를 더해, 규격화된 다이어리에서 벗어나 무無의 상태에서 시작되는 불렛 저널Bullet-journal이 뜨고 있습니다. 넘버링이나 인덱스 등의 형식 없이 온 전히 나의, 나에 의한, 나를 위한 프레임을 만드는 것이죠. 자유롭게 항목을 구성할 수 있눈 만큼 목표에 맞춘 일정을 짜기에 적합합니다.

내면의 나도 놓칠 수 없다

MZ세대가 '현생'에서 잊고있던 자신을 찾는 데 집중하기 시작했습니다. 쉴새없이 무언가를 해내야 했던 압박이 줄고, 사색을 즐길 정도의 여유를 얻었기 때문이죠. 나도 몰랐던 내 모습 발견하기. 과연 어떤 것들이 있을까요?

명상

명상의 진입 장벽이 낮아졌습니다. MZ세대에게 명상이란 깊은 산속에서의 수행이 아닌, 고요히 내면에 집중할 수 있는 힐링입니다. 수요에 맞추어 공급도 진화했습니다. 넷플릭스는 기존 콘텐츠와는 사뭇 다른 〈헤드스페이스: 명상이 필요할 때〉를 공개해 화제를 모았는데요. 자극적인 화면 대신 귀여운 비주얼 요소와 평온한 내레이션으로 호응을 얻었습니다. SK텔레콤·현대자동차와 같은 기업도 모바일 명상 앱 마보mabo와 손잡고 다양한 콘텐츠를 시도한 바 있습니다.

자기 공감

MZ세대에겐 자신이 느낀 감정을 솔직하게 대면할 용기가 있습니다. 부정적이고 창피한 감정이라도 기록을 통해 남기고 되새기려 노력하죠. iOS 유료 앱 1위를 기록했던 무다^{MOODA}는 이들의 특성을 잘 활용한 플랫폼입니다. 글로는 표현하기 힘든 복잡미묘한 감정을 표정으로 지정, 매월의 감정을 한눈에 볼 수 있도록 구성했죠. 심리 상담 앱 트로스트 등의 기획 의도도 같은 맥락으로 볼 수 있습니다.

오디오 콘텐츠

자극적인 시각 콘텐츠에 피로감을 느낀 MZ세대가 오디오 콘텐츠에 빠졌습니다. 특히 Z세대는 '보는' 유튜브를 라디오처럼 '듣고' 있다고 했는데요. 이 덕에 학업 집중력을 높이는 ASMR은 물론, 원하는 바를 이루어 주는 '주파수 영상'까지 쏟아지고 있습니다. 과거 많은 브랜디드 콘텐츠가 ASMR로 화제를 얻었던 것을 생각하면, 오디오 콘텐츠의 확장 가능성은 충분히 주목할 법합니다.

MZ세대 자아를 충전해 주는 브랜드

워너비 브랜드

MZ세대는 브랜드의 팬을 자처합니다. 제품 자체가 주는 효용보다는 상징적 가치에 초점을 두기때문인데요. 자신이 지닌 가치관을 브랜드에 투영하기도 하고, 브랜드가 가지는 이미지를 내재화하고 싶어하기도 하죠. 홈트족이 사랑하는 나이키. 나이키는 제품 홍보에 주력하지 않습니다. 대신 슬로건과 메시지로 브랜드의 스토리를 전달하죠. 최근에는 나이키 런 클럽NRC을 출시, 그리고 애플과의 협력으로 도회적이면서 세련된 이미지를 강화하고 있습니다. MZ세대가 레깅스에 박힌 나이키 로고를 한껏 드러내는 이유가 바로 여기 있습니다. 제품을 구매하면서 얻은 '나이키즘'Nikism을 타인에게 보여 주고 싶은 심리 때문이죠.

일상력 충전

만일 브랜드가 MZ세대의 일상력을 충전하는 기폭제가 된다면 어떨까요? 즉, 건강한 삶을 영위하고자 하는 이들에게 리워드를 제공하며 끊임없이 동기를 부여하는 것인데요. 누적 참가 건수 158만을 달성한 목표 달성 앱 챌린저스Chlngers를 살펴보겠습니다. 챌린저스에 참여하는 방법은 간단합니다. 달성하고 싶은 목표에 예치금을 넣어 참여하고, 목표 달성 시 환급과 동시에 상금까지 받게 되죠. 이보다 더 작은 모티브라도 좋습니다. MZ세대는 소소한 성취감이라도 얻을 수 있다면 전부 자기계발로 여기니까요!

무자극이라는 자극

무자극의 자극이라니 아이러니한가요? 경쟁 사회 속 MZ세대는 자신의 내면에 집중하고, 휴식을 취할 시간이 필요합니다. 그 고요하면서도 편안한 환경을 브랜드가 마련해 주는 것이죠. 이는 입고 쓰고 바르는 모든 소비재에 적용될 수 있습니다. 뷰티 브랜드 이솝Aesop은 화려한 그래픽이나 문구로 소비자를 유혹하지 않습니다. 창업 25주년을 맞아 이솝이 공식 홈페이지에 공개한 콘텐츠는 다름 아닌 '각국의 추천 서점 25곳'을 선정한 목록이었습니다. 고객이 책을 읽고 생각하는 시간을 가지는 속에 행복을 느낀다면, 피부에도 좋을 것이라는 뜻깊은 의도에서였죠.

06

선순환을 부르는
미닝아웃

"돈쭐을 내 주자"

시국이 어려울수록 MZ세대가 즐겨 쓰는 말입니다. 풀어 말하면 돈으로 혼쭐을 내 주자는 뜻입니다. 뉘앙스는 부정적인 뉘앙스지만, 기업의 제품 및 서비스를 많이 구매하자는 긍정적인 의미를 가지고 있죠. MZ세대는 자신의 소신을 목청껏 이야기합니다. 신념에 맞추어 좋은 건 좋고 아닌 건 아니라고 미닝아웃Meaning Out* 하죠.

이들의 목소리는 사회의 선순환을 부추깁니다. 도덕적으로 옳거나 공익을 위한다면 내 일처럼 오지랖을 부립니다. 한국인을 구하다 다친 불법 체류자에게 영주권을 주자며 청원하고, 인스타그램 부케 챌린지bouquet Challenge를 통해 팬데믹으로 어려워진 화훼농가 살리기에 힘을 보태는 것처럼요.

---

* 개인의 신념을 뜻하는 Meaning에 정체성을 드러내는 행동인 Coming Out을 빗대어 만든 신조어

소비도 투자도 가치 있게

2020년 크리테오 조사 결과 MZ세대의 52%는 자신의 가치와 신념에 부합하는 브랜드나 상품을 더 소비할 것이라고 답했습니다. 최근에는 구매 행위를 넘어 소셜 미디어를 통해 그 가치를 전파하는 방식으로 확대되고 있죠.

MZ세대가 소셜 미디어를 통해 구매를 인증하는 행위는 기업의 철학을 지지한다는 의미를 포함합니다. 예를 들어 볼까요? 패션 브랜드 프라이탁FREITAG은 지속 가능한 친환경 업사이클링 제품을 판매합니다. 가격은 20만 원 안팎으로 저렴하지 않지만, 그럼에도 MZ세대의 열렬한 지지를 받고 있죠. 이는 5만 건이 넘는 프라이탁의 인스타그램 해시태그 수(2021년 3월 기준)에서 확인할 수 있습니다.

최근 경제력을 갖춘 밀레니얼 세대에서 주식에 대한 수요가 급증하고 있습니다. 여기서 주목할 점은, 단순한 투자보다 가치관을 반영한 미닝아웃형 투자가 늘어나고 있다는 것인데요. 기업의 재무적 요소 외에도 ESG 지수Environment·Social·Governance [*] 를 고려해 투자를 결정합니다. 의사 결정 전에 사회적 책임 투자나 지속 가능 투자의 관점을 함께 고려하죠. 나의 가치관에 반하는 행보를 걷는 곳을 지지할 수는 없으니까요. 실제로 NH투자증권은 ESG 등급이 높은 기업에 주가 프리미엄이 부여될 것으로 전망하였습니다.

* 기업의 비재무적 요소인 환경·사회·지배 구조를 뜻하는 말

브랜드가 미닝아웃을 유도하는 방법

이케아는 2020년 11월 친환경 홈퍼니싱 팝업 스토어 이케아랩을 오픈했습니다. 지속 가능한 소재로 만든 제품을 체험해 볼 수 있는 공간으로, MZ세대를 정확히 겨냥했죠. MZ세대의 인증 욕구를 충분히 반영하면서 기업의 목소리를 널리 전파하기 위해 이케아가 선택한 것은 틱톡 챌린지였습니다. 이케아랩 오픈에 맞춰 틱톡과 함께 '#지구를 아끼는 챌린지'를 진행했는데요. '샤워 시간을 줄이겠습니다', '하루 동안 채식을 하겠습니다' 등 지구를 지키는 소소한 다짐을 공유하게끔 하는 챌린지였죠. 틱톡커가 자발적으로 챌린지에 참여하고 해시태그를 통해 선한 영향력을 전파한 덕에, 해당 챌린지는 4백만 회가 넘는 조회 수를 기록했습니다.

친환경이라는 모토가 유행처럼 번졌지만, 그린워싱Green-washing* 이라는 평에서 자유롭지 못했습니다. MZ세대를 잡기 위해 진정성을 입증해야 할 때가 온 것입니다. '갓뚜기'라 불리는 오뚜기는 경영진이 상속세를 가감 없이 납부하고, 사회 공헌 활동을 꾸준히 해 온 것으로 유명합니다. 사내 직원을 정규직으로 채용하고 제품 가격을 동결하는 등의 행보 역시 박수를 받아 왔죠. 최근에는 예능 프로그램 〈맛남의 광장〉과 협업해 지역 경제 살리기에도 일조했습니다. 어려움을 겪는 어가를 위해 완도 다시마를 대량 구매, 제품에 적용한 것인데요. 이른바 착한 만남으로 회자된 해당 제품은 이틀 만에 완판되었습니다. 이는 '오뚜기 제품을 구매하는 행위=사회 공헌에 이바지하는 것'이라는

---

* 실제로는 친환경적이지 않지만 마치 친환경적인 것처럼 홍보하는 위장 환경주의

인식이 굳어진 결과라고 할 수 있습니다.

구매를 이끄는 착한 마케팅

착한 소비를 추구하는 라이프 스타일에 발맞추어 나타난 코즈 마케팅 Cause marketing. 기업이 이윤 추구뿐만 아니라 공익적 가치의 명분을 추구하는 마케팅을 뜻합니다. 단기적인 제품 수익 창출보다는, 장기적인 관점에서 브랜드의 이미지를 개선하고 소비자의 자발적 구매를 유발하는 방법이죠. 코즈 마케팅의 핵심은 소비자에게 선한 이미지로 스며드는 것입니다.

선한 의도를 가진 적극성

선취력, 선善한 영향력을 먼저先취하세요. 매일유업의 플라스틱 프리 캠페인은 소비자에게 샤라웃Shout-out 받은 대표적인 사례입니다. 환경을 위해 빨대를 없애 달라는 소비자의 요구에 신속하게 응답하여 빨대 없는 우유 팩을 출시한 것인데요. 한 발 더 나아가 패키지 일부의 비닐 소재를 종이 패키지로 변경해 제작했습니다. 개선 과정은 소비자와 공유하여 동시에 신뢰도도 높였죠. 결과적으로 매일유업은 2018년부터 4년 연속 한국에서 가장 존경받는 기업 (유가공 부문) 1위라는 타이틀을 지킬 수 있었습니다.

투명한 기업 운영

미국뿐만 아니라 국내에서도 많은 소비자에게 사랑받는 친환경 패션 스타트업 에버레인^{Everlane}은 투명성 전략으로 소비자들의 신임을 얻고 있습니다. 공식 홈페이지 내 판매 제품을 클릭하면 어느 공장에서 제조되었고, 이 공장이 어떠한 윤리적 노력을 하고 있는지를 소개합니다. 또한 제품 가격이 어떻게 책정되었는지를 '투명한 가격'^{Transparent pricing}이라는 정책 아래 낱낱이 공개합니다. 소비자로서는 친환경 캠페인을 하겠다는 선언을 듣는 것보다, 모든 과정을 직접 확인해 볼 수 있으니 더욱 신뢰가 갈 수밖에 없는 것이죠.

지속적이고 일관된 메시지

디지털 네이티브 세대는 과거를 잊지 않습니다. 인터넷에 펼쳐진 수많은 정보를 언제나 '끌올'할 준비가 되어 있거든요. 아웃도어 브랜드 파타고니아는 "We're in Business to save our home planet" (우리는 우리의 터전, 지구를 되살리기 위해 사업을 합니다)를 모토로 기업을 운영합니다. "Don't buy this jacket"(이 재킷을 사지 마세요)을 캐치프레이즈 ^{Catchphrase}로 내건 캠페인부터 2025년까지 100% 재생 소재를 사용해 제품을 생산하는 것을 목표로 삼는 것까지, 오랜 시간 동안 환경을 위한 일념을 꾸준히 보여 주고 있습니다.

07

원클릭으로 연결되는
커뮤니티

랜선 살롱

18세기 프랑스 살롱^{Salon}은 성별과 계층의 장벽을 넘어 지적 대화를 주고받는 사교의 장이었습니다. 21세기에는 한국도 온라인상의 랜선-살롱문화가 시작되었는데, 그 주도자는 바로 MZ세대였습니다. 영화나 음악을 듣고 주변 지인들과 감상평을 나누는 대신, 해당 분야에 조예가 깊은 불특정 다수와 클럽하우스에서 의견을 공유하는 것이죠.

　그런데 왜 온라인일까요? 이들은 자신을 기준으로 사회를 재구성합니다. 의례적인 관계가 아닌, 개인적인 관심사를 중심으로 공동체를 형성하는 것을 선호하죠. 동창회나 회식의 빈도는 줄고 있지만, 취향 기반의 각종 커뮤니티가 성행하는 흐름을 보면 알 수 있습니다. 친구에게 자신의 가치관을 투영하기보다, 소셜 미디어에서 이야기가 잘 통하는 친구를 찾는 게 더 효율적이기 때문입니다.

　온라인상에서는 나를 표현할 수 있는 수단이 다양하고 공유 속도도 빠릅니다. 인스타그램 피드 콘셉트를 통일해 아이덴티티를 드러내고, 프로필란에서 취향을 명시하는 것처럼요. 타인과 관계를 맺는 것도 쉽습니다. 'Follow' 버튼 하나면 상대방과 연결되니까요. 이렇게 맺어진 관계는 취향이 맞지 않는다면 언제든 수월하게 'Unfollow'를 할 수 있죠.

민초단이 핫한 이유

연결은 소속에 대한 욕구로 진화합니다. MZ세대는 고정된 조직에 가입하기보다는, 소셜 미디어에서 단발적으로 생성되는 커뮤니티에 몸을 담습니다. 요즘 핫한 '민초단' 들어보셨나요? 민초단이란 민트 초콜릿 맛을 좋아하는 모임이라는 뜻인데, 온라인 게시물에서 시작된 호불호 논쟁이 소셜 미디어에서 확산한 단적인 예입니다. 같은 주제에 '좋아요'를 누르고 댓글을 주고받으며 소속감을 강화한 거죠.

팬닉(팬 닉네임)은 공식 팬클럽은 아니지만, 인플루언서가 자신의 팬을 지칭하는 말입니다. 특히 유튜브 채널에 특화된 문화인데요. 배우나 가수는 팬클럽명과는 다른 애칭으로 구독자를 부르고, 디자이너 밀라논나는 "안녕 아비치들"이라는 인사로 영상을 시작합니다. 팬닉 아래 묶인 사용자들은 그 집단만의 문법과 규칙을 공유합니다. 앞서 언급한 두 채널의 댓글란만 보아도, 인플루언서의 말투나 행동 또는 지난 에피소드를 학습해야만 알 수 있는 농담과 정보로 채워져 있는 것을 확인할 수 있습니다.

소외보단 연결이 낫다

포모 증후군*Fear Of Missing Out*은 시류를 흐름을 놓치고 있는 것 같은 두려움을 의미합니다. 사회적 존재인 인간은 주류에서 소외되진 않을까 하는 불안한 감정을 지니고 있습니다. 특히 소셜 미디어를 통해 24시간 타인과 연결된 MZ세대일수록 더 민감하게 반응하죠.

음성 소셜 미디어 클럽하우스. 초창기에는 iOS 운영 체제만 이용할 수 있고 기존 사용자의 초대장이 있어야만 가입할 수 있는 폐쇄형 구조였습니다. 번거로울 법도 한데, 중고 커뮤니티에서는 클럽하우스 초대권까지 거래될 정도로 관심이 뜨거웠죠. 여러 유명인이 활동한다는 소문이 나며 '인싸'의 심리를 자극한 것입니다. 기록이 남지 않는 실시간 스트리밍이니 가입을 못 한 내용을 알 수가 없었습니다. 그럼에도 서비스 시작 후 1년이 채 되지 않은 무렵, 전 세계 600만 명의 사용자를 달성할 수 있었던 데에는 이 같은 이유가 있었습니다.

틱톡 크루 문화도 같은 선상에서 이해할 수 있습니다. 이는 마음 맞는 사람들이 모여 크루를 만들고, 매번 새로운 미션에 맞춰 영상을 촬영하는 문화인데요. 크루가 없는 틱톡커는 입부를 위해 지원 영상을 촬영하고 미션을 수행하는 등 갖은 노력을 들입니다. 주류 크루에서 관심과 동경이라는 특권을 부여받고자 하는 것이죠.

신생 커뮤니티의 등장

PC 보급과 함께 시작된 기성 커뮤니티는 구성원을 받아들이는 데 꼼

꼼한 심사 과정을 거치는데요. 게시글을 100개 이상 작성하거나 댓글을 300개 이상 업로드해야 하는 등 까다로운 조건을 내겁니다. 하지만 2020년대형 신생 커뮤니티는 다릅니다. 버튼 하나만 누르면 가입부터 참여까지 일사천리로 진행이 되죠.

Z세대 사이에서 새로운 커뮤니티로 등장한 것이 바로 카카오톡 오픈 채팅방입니다. 이곳에는 취미나 취향처럼 가벼운 화제뿐 아니라 말 못 할 비밀이나 고민도 쉽게 공유됩니다. 하지만 조건은 거의 없다시피 하죠. 단지 나이가 같다는 이유 하나만으로도 쉽게 방에 들어갈 수 있거든요. 방마다 규칙이 존재하지만, 이 또한 기성 커뮤니티만큼 어렵잔 않습니다. 덕분에 오픈 채팅방은 MZ세대로 늘 인산인해를 이루죠.

인산인해를 이루는 또 다른 곳으로 페이스북도 있습니다. '요즘 누가 페이스북을 해?'라는 의구심과 달리 Z세대는 이곳에 상주합니다. 관심사가 생기면 정보를 얻기 위해 페이스북 그룹을 활용하잖아요. 조금 더 깊숙히 접근해보면, 페이스북 그룹은 사용자의 소식이 아닌 질의응답 중심의 대화형 콘텐츠로 이루어져 있습니다. 그룹장의 승인만 있으면 되니 허들도 매우 낮고요. 이들은 주로 질문 글을 올리고, 관련된 팁을 나누면서 이야기를 이어 갑니다. 전문가는 아니더라도 실용적인 지식을 갖춘 구성원이 많아 신뢰도가 높다는 전언입니다. 마치 MZ세대형 '지식 IN'이라고 볼 수 있겠네요.

08

함께하는 브랜딩
숏플레이 챌린지

#1분홈트챌린지 #롤린챌린지 #덕분에챌린지

헬스장에 가는 대신 전문 트레이너를 따라 '1분 홈트'를 완료한 적 있나요? 좋아하는 아티스트의 신곡이나 역주행곡의 안무 영상을 연습한 적은요? 전염병 진료에 헌신하는 의료진을 격려하기 위해 수어 동작을 찍어 올린 경험이 있을지도 모르겠네요. 축하합니다. 여러분은 모두 챌린저Challenger의 작위를 수여받았습니다.

도전을 뜻하는 챌린지Challenge는 미션을 수행하고 이를 이어 가는 행위를 통칭합니다. 시작은 2014년 루게릭병 환자를 돕기 위한 '아이스 버킷 챌린지'였는데요. 공인 및 메가 인플루언서가 얼음이 꽉 찬 바구니를 뒤집어쓰고 환우를 향한 관심과 격려를 독려하는 운동이었죠. 당시엔 높게만 느껴졌던 챌린지의 허들이("내가 뭐라고.") 이젠 일반인도 주저 없이 시도할 만큼 낮아졌습니다.("나도 해 볼까?") 챌린지는 왜 이렇게 뜰 수 있었고, 무엇으로 구분되며, 어떻게 공략하면 좋을까요?

능숙하게 대세에 합류하다

우리 MZ세대는 짧고 강력한 콘텐츠를 좋아합니다. 활자보단 이미지에 익숙하고, 이미지보단 영상을 선호하죠. 만약 챌린지가 직관성이 덜한 글자로만 진행됐다면 이렇게까지 뜨겁진 않았을 거예요. 특히 Z세대는 스마트폰과 태블릿 같은 디지털 장비를 활용해 챌린지를 끊임없이 생산하고 유통하는 데 누구보다 능숙합니다. 2019년 닐슨 코리아 조사에 따르면 국내 모바일 사용자 91.1%와 모바일 콘텐츠 소비자 중 70% 이상이 Z세대로 이루어졌으니, 더 이상의 설명이 필요 없겠죠. 챌린지는 세상에 나를 보여 주고 싶어 하는 MZ세대의 욕구도 충족할 수 있습니다. 해시태그 하나로 나를 표현하고 '나도 대세에 합류했다'라는 소속감을 공유하는 것이죠.

비대면화된 사회도 한몫했습니다. 집에서 보내는 일상이 특별하지 않으니 소셜 미디어를 활용하는 다른 방식을 찾게 된 것이죠. 이 상황을 혼자 힘으로 타개할 수 없다면, '덕분에 챌린지'처럼 유의미한 활동을 함께하고자 하는 움직임도 커졌습니다.

우리 브랜드에 적합한 챌린지는 따로 있다

챌린지는 크게 두 부류로 나눌 수 있습니다. "아무거나 신나는 걸로!" 하며 '아무 노래 챌린지'로 시작된 '유희형'과 아이스버킷 챌린지를 모태로 한 '공익형'입니다. 이 중 유희형은 참여 형식에 따라, 사용자가 전면에 나서는 노출형과 제작물을 공개하는 비노출형으로 세분됩니다. 사용자의 적극적인 참여를 유도하는 노출형 챌린지는 굵고 짧은 파급력으로 신제품 홍보에 적합합니다. 삼성전자가 갤럭시A 출시를 맞아 진행한 'Dance Awesome 챌린지'는 오픈 80시간 만에 전 세계 42억 뷰를 달성하는 성과를 냈습니다. 더에스엠씨그룹이 진행한 캠페인으로는 롯데칠성 클라우드와 함께한 '잘생김 필터 챌린지'가 있습니다. 드래프트 캔 맥주 이미지와 '잘생^世'이라는 로고가 삽입된 AR 필터를 활용했는데요. 인플루언서 22인의 주도로 인스타그램 챌린지를 진행해 단기간에 인지도를 높이는 데 주력했으며, 실제로 참여 인플루언서 77%에 해당하는 17인이 인기 게시물에 노출되는 성과를 이뤄냈습니다. 반면 비노출형 챌린지의 생명력은 은은하지만 깁니다. 사용자의 적극성 지수는 낮지만, 얼굴 노출을 꺼리는 이들도 자유롭게 참여할 수 있다는 점에서 허들이 낮은 편이죠. 이 같은 방식은 릴레이로 장기간 이어지는 경우가 많기 때문에 브랜드를 지속적으로 노출할 수 있습니다.

공익형 챌린지는 브랜드의 수익과 직결되지는 않지만, 이미지를 제고하는 데 아주 효과적입니다. 오비맥주는 알루미늄 캔을 납작하게 밟아 수거할 때 부피를 줄이고 재활용률을 높일 수 있는 '캔 크러시' 챌린지를 진행했는데요. 참여 콘텐츠 개수당 1천 원씩 총 1천만 원을 적립하여, 재활용품을 수거하는 어르신들을 후원했습니다. 오비맥주 대표의 영상을 시작으로 본사 임직원의 참여가 이어졌고, 일반 소비자도 캔을 찌그러뜨리며 자발적으로 챌린지에 동참했습니다. 가치 소비를 중시하는 MZ세대를 공략할 사회적 의미를 부여했기에 가능한 움직임이었습니다.

참여도를 끌어올리기 위한 전략

앞서 살펴봤듯 유희형과 공익형 챌린지는 그 목적과 성격이 다릅니다. 때문에 브랜드가 챌린지를 활용한 마케팅을 기획하고자 한다면 전략을 달리 짜야 하는데요. 우선 브랜드의 목표가 무엇인지를 확고히 하고, 이에 최적화된 챌린지가 둘 중 무엇인지 선택하여 세부 요소를 고려하는 과정이 필요합니다.

누구나 조건 없이 참여 가능한 유희형 챌린지는 사람들이 인증하고 공유할 만큼 흥미로움이 있어야 합니다. 브랜드가 돋보이는 형식의 브랜드 퍼스트Brand first형 챌린지보다는 사용자가 즐길 만한 타깃 퍼스트Target first형으로 기획되어야 하는 이유이죠. 사용자의 도전 의식을 불러일으키도록 미션을 접목하는 것도 방법이 될 수 있습니다.

공익형 챌린지는 그 목적이 개인의 신념과 맞아떨어져야 한다는 점에서 유희형보단 허들이 높을 수 있습니다. 그럼 '참여하자'는 권유보단 '왜 참여해야 하는지'에 대한 필요성을 전달해야 합니다. 개인의 작은 행동이 어떤 문제를 야기하고, 챌린지로 무슨 변화를 끌어낼 수 있는지 명확히 보여 주는 것이 중요하죠. 궁극적으로 이 '좋은 일'은 기업의 가치관과 일치하는 메시지를 함유해야 합니다.

이미 만들어진 판에 뛰어드는 방법도 있습니다. 사용자의 놀이에 제대로 탑승한 브랜드로는 구찌가 있는데요. 구찌는 '#구찌모델챌린지'#GucciModelChallenge*라는 해시태그의 유행으로 틱톡에 입성했습니다. 틱톡에서 자생한 챌린지가 브랜드에 대한 관심으로 이어지자, 공식

---

* 소장 아이템을 '구찌스럽게' 입는 챌린지

계정을 오픈해 응답한 것이죠. 구찌가 이들의 콘텐츠를 재업로드하자 반향이 일어났습니다. 대형 인플루언서의 참여가 더해지며 캠페인 규모로 확대되었고, 해당 해시태그는 무려 5천만 뷰(2020년 10월 기준)를 돌파했습니다. 구찌가 홍보를 위해 사용한 해시태그가 2백만 뷰를 넘지 않았다는 것을 고려하면 엄청난 수치입니다. 브랜딩 효과를 톡톡히 본 구찌는 2021년 그룹 엑소의 카이와 함께, 별도의 필터를 도입한 챌린지를 진행하기도 했습니다.

09

관계를 형성하다
브랜드 팬덤

51%

좋아하는 브랜드가 있지만 다른 브랜드도 시도해 보고 싶다고 답한 MZ세대의 비율입니다. 마음에 드는 브랜드 상품을 계속 사용할 의향이 있다고 답한 X세대와는 대비되는 수치죠.(출처: 모닝컨설트) 여기서 우리는 세 가지 명제를 도출할 수 있습니다. 첫째, MZ세대는 아직 브랜드에 대한 강력한 우호도가 형성되지 않은 탐색 단계에 머물러 있다. 둘째, 그 때문에 편견 없이 과감히 브랜드를 선택한다. 셋째, 지금 선택받은 브랜드의 자리는 어떤 브랜드로도 대체 가능하다.

세 번째 명제의 필요충분조건은 온라인의 활성화, 그러니까 브랜드의 소셜 미디어 활용입니다. 온라인 공간이 주는 매력은 상당합니다. 커뮤니케이션 빈도와 강도에 한계가 없는 덕에 오프라인과는 다른 차원의 친밀도를 부여하기 때문이죠. 이 원리를 제대로 활용하는 브랜드는 소비자와의 심리적 거리를 효과적으로 줄여 소속감을 형성합니다. 다시 말해 비정기 구매자를 충성 고객인 로열 오디언스로 이끌어내는 것입니다.

브랜드에 픽^{Pick} 되고픈 MZ세대

소비자에게 브랜드를 알리는 가장 좋은 방법은 소셜 미디어에 상주하는 것입니다. 소셜 미디어는 소비자와의 연결 창구라고 할 수 있는데요. MZ세대에게 가깝게 다가가고 싶다면 친근한 이미지를 지니는 것이 중요합니다. 특히 트위터는 익명으로 자유롭게 티키타카할 수 있는 분위기가 구축되어 있습니다. 많은 트위터리안이 브랜드의 공식 채널도 '트친'(트위터 친구)으로 여기죠.

뷰티 브랜드 이니스프리는 친구 같은 이미지로 부계정을 만들어 MZ세대에게 다가갔습니다. 크레이지 이니스프리 시스터즈(이하 크이시)는 사내 마케터 2명이 직접 운영하는 채널입니다. '팀장님 몰래 하는'을 콘셉트로 각종 이벤트와 일상 트윗을 업로드하는데요. 크이시가 팔로워를 '선생님'이라고 칭하면, 팔로워는 크이시를 '큰 자매님', '작은 자매님'이라며 더 친근하게 부릅니다. 선생님들은 이니스프리 제품을 추천해 달라며 크이시를 태그하고, 지금 이니스프리에 가는 길이라며 DM을 보내기도 합니다.

꼭 부계정으로만 라포^{Rapport}를 형성하는 건 아닙니다. 일상에서의 특별한 순간을 만들어 선물하는 것도 하나의 방법이 될 수 있는데요. MZ세대가 가장 즐겨 하는 소셜 미디어소셜 미디어, 인스타그램으로 가 보겠습니다. 인스타그래머는 자신이 오늘 어떤 브랜드의 옷을 입었는지, 어디를 방문했는지 모두 태그를 걸어 놓습니다. 게시물 업로드보단 24시간 후 사라져 부담이 덜한 스토리 기능을 애용하죠. 한 소비자가 데일리룩 스토리를 올리며 A라는 브랜드를 태그했다고 가정해 봅시다. 알람을 받은 A의 홍보 담당자가 해당 스토리를 공식 계정으로 다시 공유한다면? 소비자는 성의 있는 답변에 감동할 겁니다. 자신의 팔로워뿐 아니라 A의 팔로워에게도 콘텐츠를 노출한 셈이니 뿌듯함을 느끼게 되는 것이죠. 이 간단한 작용은 소셜 미디어소셜 미디어 사용자의 심리인 '인증과 공유'를 제대로 건드리는 방법입니다. 공식 채널에 픽되고 싶은 소비자라면 A 브랜드에 주기적으로 방문할 테니까요.

호명에 열광하다

이와 비슷하지만 보다 더 세심해진, 소비자의 이름을 불러 주는 감성 마케팅은 어떨까요. 몇 년 전 페이스북에서는 "○○아 요즘 어떻게 지내"라며 친구처럼 메시지를 보내는 챗봇 빌더 '타로챗봇 라마마'가 화제였습니다. 라마마가 봐 주는 타로의 정확도와는 무관하게 내 이름을 불러 준 행위에 열광적인 반응이 쏟아졌고, 커뮤니케이션을 기반으로 한 해당 서비스는 두 달 만에 100만이 넘는 사용자를 기록했습니다.

　패션 플랫폼 스타일쉐어는 라이브 커머스 '스쉐라이브'에서 커뮤니티이자 스토어인 자사의 특성을 잘 살리고 있습니다. 스쉐라이브의 소통 담당자는 판매 제품과 관련한 질의응답뿐 아니라, 유저들의 반응을 신속하게 살피며 대화를 주도하는데요. 사용자의 닉네임을 일일이 호명하며 일종의 퍼스널쇼퍼로 활약하고 있습니다. 2020년엔 스쉐 라이브 하반기 거래액이 상반기 대비 107% 성장을 이루었습니다. 이러한 결과에서 소통 담당자의 비중도 무시할 수 없겠죠.

소비자가 함께 만든다

지금의 소비자는 제품을 구매하는 것을 넘어 기획과 유통, 홍보까지 적극적으로 관여합니다. 소유와 경험이었던 소비의 개념이 참여로 확장되면서 변화한 패러다임인데요. 여기서 소비자는, 브랜드가 '나를 겨냥해' 만든 제품보다 '나에 의해' 만들어진 제품을 더 선호한다고

오리온 '미쯔 시리얼'

볼 수 있습니다.

2020년 하반기 소셜 미디어를 뜨겁게 달구었던 식품 브랜드 오리온의 '미쯔 대용량 팩'의 탄생은 인스타그램과 얽혀있습니다. 그보다 앞선 5월, 오리온 공식 인스타그램과 페이스북에 한 장의 사진이 공개됩니다. 봉지 과자 미쯔를 대용량 시리얼로 연출한 이미지였는데요. "우유랑 같이 시리얼로 먹으면 맛있는데 한 봉지로는 부족하다", "요거트에 말아 먹으려고 구매한다"라는 소비자 의견을 반영해 만든 가상의 제품이었습니다. 위트로 시작한 해당 콘텐츠는 약 153만의 도달을 기록, 열띤 성원에 힘입어 실제 출시로 이어졌습니다. 온라인 판매 시작 직후 품절이 될 만큼 사랑받기도 했고요.

오리온이 제품 기획의 아이디어를 수용했다면, 소비자를 실제 제품 제작에 참여시켜 콜라보 제품을 만든 브랜드도 있습니다. 의류 브랜드 골든구스는 적극적으로 디자인 커스텀에 참여할 수 있는 '드림 메이커' 프로젝트를 선보였습니다. 스테디셀러 아이템 도면에 직접 자신의 개성을 녹여 만든 스니커즈를 그린 후 인스타그램 스토리를 통해 공유하는 콘테스트였는데요. '공동 창작'이라는 개념으로 기존 로열 오디언스를 밀집하는 데 성공하며, 큰 인기를 얻어 2021년 SS 시즌엔 드림 메이커 컬렉션 론칭으로도 이어졌습니다.

브랜드 아이덴티티까지 소비하다

MZ세대 사이에서 선풍적인 인기를 끈 네이버 웹툰 〈바른 연애 길잡이〉 주인공 정바름은 계획주의자로서 자신만의 루틴을 지키며 하루를 보냅니다. 루틴 지키기를 즐기는 MZ세대의 공감을 일으키는 설정이죠. 네이버 웹툰은 '바름이처럼 살아 보고 싶은' 독자 즉 잠재 소비자의 욕구를 읽고, 실제 바름이 플래너를 제작해 크라우드 펀딩을 진행했습니다. 결과는 어땠을까요? 목표 금액 1천만 원을 훌쩍 뛰어넘어 무려 2억 4천여만 원을 달성했습니다.

소비자 스스로 브랜드의 앰배서더임을 느낄 기회를 제공하는 것도 중요합니다. 로열 오디언스는 제품 및 서비스 구매를 넘어 브랜드의 아이덴티티까지 소비합니다. 브랜드 이미지를 배경 화면으로 설정하고, 정기 생산되는 굿즈를 거리낌 없이 구매하는 것처럼요. 스타벅스가 매 시즌 MD를 선보이는 이유도 여기 있습니다. 소비자가 스타벅스의 상징성을 활용할 기회를 제공하는 셈이죠. 물론 그러기 위해서는 이에 대응하는 높은 퀄리티의 제품과 영리한 이벤트가 뒷받침되어야 할 것입니다.

10
세계관에 취하다
과몰입

과몰입過沒入, 지나치게 깊이 파고들거나 빠진 상태

과거 큰 인기를 끌었던 MBC 예능 프로그램 〈우리 결혼했어요〉를 기억하시나요? 가상 결혼이라는 콘셉트하에 일부 시청자들은 방송과 실제를 구분하지 못하고 출연한 커플들이 진짜 사귈 것이라는 '망붕 렌즈'를 끼고는 했었죠. 망붕이란 망상 분자를 쉽게 발음하기 위해 쓰여진 말입니다. 사실 당시의 망붕은 부정적인 의미를 내포하는 단어였습니다. 하지만 이제 이러한 망붕이 MZ세대 사이에서는 하나의 놀이로 정착했다는 사실을 아시나요? 바로 유쾌한 과몰입러들의 등장 덕분인데요. 이들은 하나의 콘텐츠를 시작으로 꼬리에 꼬리를 무는 후속작을 만들어가고 있습니다.

콘텐츠 소비를 넘어 재가공까지

과몰입을 즐기는 가장 큰 이유는 자신들이 놀 수 있는 세계관이 존재하기 때문입니다. 요즘 세계관은 참 무궁무진하죠. 더군다나 소비자들은 오프라인과 온라인을 자유자재로 넘나들며 아예 새로운 콘텐츠를 생산해 내기도 합니다. 이렇듯 확장 가능성이 있는 세계관에 자신이 직접 참여한다는 것이 MZ세대에게는 상당히 특별하게 작용합니다.

　MZ세대들은 자신이 좋아하는 콘텐츠를 소비할 뿐 아니라 그 속에서 또 다른 콘텐츠를 만들어 갑니다. 그리고 원본을 재가공한 콘텐츠를 더 좋아하는 경향이 있습니다. 단단한 팬덤을 형성하고 있는 해리포터는 과몰입 덕후가 특히나 많은데요. 일상에서는 절대 경험할 수 없는 세계관이라는 점을 미루어 보았을 때, 잠시나마 현생을 잊고 마치 자신이 호그와트 학생인 듯 행동하며 흥미를 느끼는 것이죠. 한 유튜브 채널의 공부 ASMR 영상은 호그와트 교내 홀에서 자습하는 느낌을 주는 콘텐츠로, 매우 실감나는 사운드를 구현합니다. 여타 ASMR 콘텐츠와는 달리, 24시간 실시간 스트리밍이기 때문에 항시 채팅으로 소통할 수 있어 몰입도가 훨씬 높습니다. 구독자들은 그리핀도르나 슬리데린처럼 극중 기숙사를 내세워 자신을 소개하는데요. 자신이 추구하는 콘셉트를 직접 설정하면서 재미를 느끼는 겁니다. 그래서인지 시험 기간이 아니더라도 늘 1천여 명이 넘는 시청 수를 보이죠.

　이제 유튜버가 올린 영상을 단순히 시청만 하는 구독자들은 없다고 봐도 무방합니다. 특히 MZ세대는 댓글을 달며 노는 모습을 볼 수 있는데요. 독특한 테마에 맞춰 플레이스트를 올리는 유튜브 채널 〈때껄룩〉의 영상은 늘 구독자들로 북적입니다. 이들은 음악에 맞춰 상황극을 벌이고, 다른 사람의 상상력을 자극할 만한 댓글을 남기기도 합니다. 이러한 댓글 놀이는 아예 새로운 문화로 자리 잡아 레전드 댓글들만 모아 두는 채널도 생겼습니다. 원본 콘텐츠가 아닌 댓글 모음 콘텐츠만 찾아보는 사용자도 심심치 않게 발견할 수 있습니다.

판을 깔아주는 브랜드

왓챠는 국내 OTT 플랫폼 중 가장 발 빠르게 '해리포터' 시리즈를 서비스했습니다. 그뿐만 아니라 영화를 좋아하는 사람이라면 누구나 알 만한 공감대를 자극하여, 시리즈 공개 이후 많은 구독자를 확보했죠. "왓챠는 해리포터에 진심이다"라는 이야기를 들을 정도로 플랫폼 곳곳에 각종 이스터 에그를 심어 놓은 것인데요. 앱 시작 화면에 해리포

왓챠 '해리포터' 이스터 에그

터 분위기가 나는 왓챠 로고를 띄우고, 사용자가 '볼드모트'를 검색하면 '이름을 말해서는 안 돼!'라는 문구를 띄웁니다. 기존 구독자의 충성도가 높아지며 2차 콘텐츠 확산이 활발해졌고, 이는 곧 새로운 구독자를 유입하는 새로운 통로가 되었습니다. 서비스 공급자가 몸소 보여 준 과몰입 덕에 수용자의 몰입이 극대화된 것이죠.

SM엔터테인먼트 팬 커뮤니티 리슨lysn은 팬들이 최애와 프라이빗한 메시지를 주고받을 수 있는 유료 구독 서비스 '버블'Bubble을 선보였습니다. 아이돌의 소셜 미디어 계정에 남기는 댓글과는 달리, 횟수가 제한되지만 나름 쌍방향 소통이 가능합니다. 또한 아이돌과 팬이 소통하는 유료 메시지 서비스의 시초인 'UFO타운'보다 프라이빗한 느낌을 줍니다. 마치 진짜 남자친구와 일상을 주고받는 것처럼요. 팬들은 버블을 통해 아이돌과 소통하며 특별함을 느끼고 그들에게 더욱 과몰입하게 됩니다. 아이돌과의 유사 연애 욕구를 가지는 팬들에게는 단연 최적의 서비스였고, 그 결과 버블은 2020년 2분기에만 42억의 매출을 기록하며 네이버 V LIVE 내 커뮤니티 플랫폼으로 자리매김했습니다.

더 과하게, 끝없는 세계관 확장

- 2014년 KBS 29기 공채 개그맨 이창호

- 등산 소모임 한사랑산악회 부회장 이택조

- 시가총액 500조 원에 코스피 1위 김갑생할머니김 미래 전략실 본부장 이호창

- 매드엔터테인먼트 아이돌 매드몬스터 멤버 제이호

개그맨 이창호는 잘 알지 못해도 나머지 세 명의 인기는 분명 체감했을 겁니다. 시원시원하고 솔직한 성격과 촌스러운 취향으로 부성애를 자극하는 이택조. 럭셔리한 재벌 3세이지만, 좋아하는 여자 앞에서는 한없이 약해지는 남자 이호창. 카메라 앱 필터로 재탄생한 10등신 만찢남 제이호. 이 매력적인 인물들은 사실 다르지만 같고, 같지만 다릅니다. 개그맨 이창호라는 실존 인물에 뿌리를 두고 유튜브 채널 〈피식대학〉과 〈빵송국〉에서 탄생한 멀티 페르소나Multi-persona, 다중적 자아거든요.

이 개념은 MBC 〈놀면 뭐하니〉에서 시작된 개그맨 유재석의 '부캐'를 떠올리면 이해가 쉽습니다. 신인 트로트 가수 유산슬, 걸그룹 프로듀서 지미유가 상황에 따라 각기 다른 설정값을 지녔던 것 기억하시나요? 멀티 페르소나는 여기서 더 넓고 깊은 세계를 향유합니다. 전자가 콘셉트를 이해할 정도의 설정에 그쳤다면, 후자는 완전히 다른 정체성을 구축하고 있습니다.

이창호는 멀티 페르소나들의 이름, 나이, 출신지, 성장 과정, 성격, 취향 심지어 외모까지 모든 걸 리셋했습니다. 이호창은 무선 이어폰을 끼고 통화하지만, 이택조는 셀카 찍는 법도 몰라 매번 헤매기 일쑤입니다. 이택조는 일과 후 반주를, 제이호는 햄버거에 맥주를 즐깁니다. 같은 사람이라고 의심할 수 없을 만큼 확연히 다른 라이프 스타일을 보여 주죠.

MZ세대는 여기서 해방감을 느낍니다. 잘 생각해 보면 이 페르소나는 하나같이 과합니다. 앞서 언급한 이호창은 드라마 속 남자 주인공의 클리셰를 몽땅 조합해 완성된 인물입니다. 부유한 정도가 아니라 국내 최고 기업 후계자이고, 강도를 한 번에 제압할 정도로 무술에 능통하죠. 유학 생활이 길었던 탓에 무심코 영어를 사용하는 데다 익숙하다는 듯 자연스럽게 명품을 노출하기도 합니다. 그의 말과 행동에는 일종의 우월감이 읽히는데도 그게 밉지가 않습니다. 그보다 먼저 '비대면데이트'의 시리즈의 인기를 견인한 카페 사장 최준도 그렇습니다. 눈치 없을 정도로 자아도취 상태인 데다 무례할 정도로 솔직합니다. 다른 사람이 있을 때도 사랑을 고백하거나 세레나데를 부르는 데 주저가 없죠. 어떤가요? 현실의 제한된 공간에선 나를 이상적으로 만들어야 한다는 의무감이 있는데, 오히려 그와 대조되는 모습이 자유롭고 통쾌하게 느껴집니다. 오글거림이 극한으로 치달으면서 오는 카타르시스도 있고요.

11

과거에 취하다
할매니얼

"라떼? 아니, 할미 땐 말이야"

최전선에서 신문물을 받아들이던 디지털 이주민, 일명 밀레니얼 세대
가 디지털 네이티브 Z세대에게 자리를 내주었습니다. 이들은 이제 더
이상 어리지 않은 자신의 나이와 새롭지 않은 사회적 위치를 해학적
으로 표현하기 시작합니다. 반은 농담이고 반은 자조적인 '할미'(할머
니)라는 단어로 말이죠. 할미라는 단어의 파장은 생각보다 컸습니다.
'할밍아웃'에 맞추어 시장 곳곳에선 다시 옛것의 향취가 피어올랐고,
'할미 감성'은 레트로, 뉴트로, 복고를 넘어 또 하나의 문화로 자리를
잡았습니다.

2000년대를 주름잡던 토종 소셜 미디어 싸이월드가 2021년 강화된
모바일 서비스로 부활을 알렸습니다. 회원 3,200만 명의 데이터가 그
대로 보존되어 있는 데다 경제 규모도 상당합니다. 이전 버전에서 환
수되지 못한 도토리 잔액은 약 38억 원이며, 도토리를 한 개 이상 보

유한 회원 수는 276만 명에 달합니다.

페이스북, 인스타그램 전에 싸이월드가 있었다면 카카오톡 전에는 버디버디가 있었습니다. 한때 회원 수가 4,200만 명에 육박했던 버디버디는 게임 개발 회사 위메이드에 인수됐는데요. 2012년 5월 서비스 종료 중단 후 9년 만에 들려온 재오픈 소식에 온라인은 온갖 기대로 들썩였습니다.

'얼리'early가 미덕이던 IT업계의 시간도 거꾸로 가는 중입니다. 삼성전자는 '갤럭시 버즈 프로' 커버로 애니콜 폴더폰 모형을 선보였습니다. KT는 MP3나 CD도 아닌 카세트 플레이어를 출시했는데, 일부 판매처에서 매진을 기록할 정도로 뜨거운 반응을 얻고 있습니다.

오래돼서 힙한 감성

기기는 하루가 멀다 하고 최첨단을 갱신하고 모바일 환경은 매일 더 편리해지는데, 왜 사용자는 불편함과 저품질을 감수하면서까지 과거로 선회하는 것일까요?

첫째, 신선합니다. 진보된 기술과 어울리지 않는 촌스러움이 색다른 재미를 선사하는 것이죠. 1안이 있음에도 대안을 선택하는 행위가 사용자의 힙hip을 강조하기도 합니다. 이는 노이즈 필터링이 탑재된 무선 이어폰보다 잡음에 취약한 유선 이어폰을, 휴대가 편리한 e북보다 구겨지고 접히는 종이책을 선호하는 것과 비슷한 맥락입니다.

둘째, 노스탤지어Nostalgia를 자극합니다. 매일이 숙제인 현실과 달리 매일의 숙제만 하면 되었던 유년시절을 떠올리는 것이죠. 특수 문자를 조합해 만든 카카오톡 이모티콘, 촌스러운 줄임말로 쓰인 자막, 그림판으로 만진 듯한 그래픽. 그런 사소한 콘텐츠들이 과거의 기억을 상기시킵니다.

장기화된 비대면에서 오는 피로도 한몫했습니다. 팍팍한 현실 때문에 몸과 마음은 지쳤는데, 대부분의 활동이 온라인으로 대체되었습니다. 이에 온라인에서라도 휴먼 터치Human-touch, 인간적 감성를 느끼고자 하는 수요가 크게 늘어난 것이죠. 짧은 음성 명령어나 한 번의 터치 대신 사람과 사람이 일일이 소통하는 것. '실제로 느낄 수 있는 무언가'에 대한 욕망이라고 할 수 있습니다.

브랜드가 소환한 과거

"오ㄹ클..ㄴㅓ 다시 돌아오는 거ㄴi..?" 제과 브랜드 오리온 인스타그램에 싸이월드 메인화면을 재구현한 이미지 한 장이 업로드되었습니다. 좌측 상태명에는 가수 윤도현의 노래 '사랑했나봐' 가사가, 우측에는 한껏 멋을 낸 미니미와 재치 있는 일촌평이 쓰여 있습니다. 싸이월드 재오픈을 위한 헌정이냐고요? 아니요. 단종되었던 과자 와클의 재출시를 예고하는 게시물이었습니다. 15년 동안 추억 속에 묻혀 있던 와클의 히스토리를 싸이월드라는 장치로 극대화한 것이죠.

내 기억 속 그때의 감성을 고스란히 담아낸 콘셉트. 추억에 과몰입된 사용자들은 "고등학생 때 매점에서 먹었던 와클과 우유는 찰떡궁합이었다", "소풍 갈 때마다 사던 그 과자다"라며 환호했습니다. 더욱 재밌는 건 사용자가 자발적으로 놀이를 시작했다는 것인데요. 다수

커뮤니티에서는 "투데이가 210309인데 이게 출시일 아니냐", "텍스트를 세로로 읽으면 '와클이 돌아온다'인 걸 보니 진짜다"라는 해석이 곁들여진 2차 콘텐츠가 빠르게 확산되었습니다.

과거 유행했던 제품을 재출시하는 것은 기존 로열 오디언스를 집결하고, 개발에 드는 비용을 절약할 수 있다는 점에서 경제적인 방법입니다. 오리온은 여기에 제품 출시를 예고하고, 홍보하는 일련의 과정을 소셜 미디어 콘텐츠를 통해 부스팅한 것이죠. '윈도우98', '네이트온' 콘셉트를 차용한 '오리온 하드털이' 시리즈도 눈여겨볼 만합니다. 단종 제품에 대한 수요를 조사하면서 사용자와의 라포를 형성하고 있기 때문입니다.

오리온 인스타그램 팔로워는 10만(2021년 6월 기준)입니다. 동종업계 중 상위권에 해당하는 수치이죠. 한 사용자는 팔로우 이유에 대해 이렇게 말했습니다. "싸이월드가 진짜 돌아오는 것처럼 와클도 내가

오리온 인스타그램

기억하는 맛 그대로 돌아올 것 같더라고요. 제품 출시를 실시간으로 함께 하는 기분이 들었고요."

추억과 콜라보하는 브랜드

TV 드라마에 응답하라 시리즈가 있다면, 유튜브에는 〈피식대학〉의 '05학번이즈백'(05학번 is back)이 있습니다. 2005년도 당시 대학생들의 패션, 관심사, 유행 등을 묘사한 하이퍼 리얼리즘 코미디인데요. 2000년대 중후반 대학에 재학했던 밀레니얼 전기와, 학창 시절 이들의 생활을 동경했던 밀레니얼 후기가 열렬히 응답하고 있습니다.

가성비를 내세운 오비맥주 필굿은 출시 이후 줄곧 MZ세대를 공략해 왔는데요. 최근에는 피식대학과의 콜라보로 그 행보를 굳건히 하고 있습니다. 극중 차갑고 거친 남자 쿨제이는 '찐하게 한잔하고 싶을 때' 필굿을 찾습니다. 팔 근육을 보여 주며 외치는 "필 굿"이라는 구호는 아예 시리즈의 트레이드마크로 자리 잡았죠. "필굿을 찍기 위해 영상을 하는 건지, 영상을 찍기 위해 필굿을 먹는 건지 모르겠다"라는 반응만 봐도, 세계관과 인물의 매력이 광고성을 중화했다는 것을 확인할 수 있습니다.

이 세계관의 매력은 과거와 현재를 자유롭게 드나든다는 데 있습니다. 얼마 전 공개된 콜라보 영상에서는 극중 인물들이 스마트폰 앱을 통해 배달 음식을 주문했는데요. 치킨을 먹기 위해 책자를 뒤지던 이들이 신문물을 경험하는 줄거리였죠. 이 덕에 신제품 먹방뿐 아니라 '브랜드 자체 앱'을 사용하는 장면이 몰입도 있게 노출되었습니다. 보통 크리에이티브 채널의 유료 광고 영상은 조회 수가 현저히 떨어지지만, 05학번이즈백은 그 공식을 비껴갔습니다. 해당 영상은 공개 일주일 만에 32만 뷰와 1천여 개가 넘는 댓글을 기록했으며, 이는 정기 시리즈의 일부를 웃돌 만큼 높은 수치입니다.

익숙하지만 신선하게

사람은 추억을 먹고 삽니다. 심리학에서는 이를 '회고 절정'Reminiscence Bump이라는 용어로 설명하는데요. 인생에서 처음 경험하는 사건이 많은 유년기와 청년기를 평생의 황금기로 꼽는 것을 말합니다. 첫 입학, 첫 졸업, 첫사랑, 첫 여행. 소셜 미디어 사용자가 과거의 향수를 불러일으키는 콘텐츠에 기꺼이 시간을 쏟고, 소비자가 그런 제품에 더 많은 비용을 지불하는 이유입니다.

　하지만 작위적이고 억지스러운 추억 팔이는 되려 반감을 살 수 있습니다. '과거 유행이었으니 돌아왔다' 식의 공급자 중심 메시지는 수용자를 갸웃하게 만들며, 새로운 소비층의 감성과 호기심을 자극하지 못하는 옛것은 촌스러울 뿐이죠. 방점은 공감에 찍혀야 합니다. 익숙해서 되려 신선한 접점, 다수가 고개를 끄덕일 만한 공통사를 찾을 때죠.

12

대세감을 높이는
콜라보

시너지 효과 Synergy Effect

시너지 효과란 개별 요소들이 상호 작용을 하며, 예상보다 큰 이익을 불러일으키는 것을 의미합니다. 우리 주변에서도 이러한 현상을 쉽게 찾아볼 수 있는데요. 바로 브랜드 간의 콜라보레이션 Collaboration * 입니다. 근래 우리는 많은 콜라보를 접했습니다. 프랜차이즈 카페에서 캠핑 아이템이 나오고, 식품 회사 로고가 패딩·티셔츠·양말·슬리퍼 등에 박혔죠. 마케팅의 덕목은 브랜드의 정체성을 확고히 하는 데 있다고 생각했건만, 서로 다른 브랜드가 팀을 결성한 이유는 무엇일까요?

* 규범 표기는 '컬래버'이지만, 본 서적에서는 콜라보로 통일해 표기

소셜 미디어 시대 콜라보의 가치

사실 콜라보는 패션 업계에서 꽤 오랜 기간 사랑받아 온 마케팅 전략입니다. 1980년대 나이키는 미국 대학농구리그[NCAA]와 함께한 프로젝트에서, 유수 대학의 농구팀 유니폼 컬러를 의류에 적용해 엄청난 인기를 구가했습니다. 이후 콜라보의 가능성을 본 패션 업계는 콘텐츠 IP를 차용하는 방식에서 타 브랜드와의 협업으로 영역을 확대해 갔

미디어 환경에 따른 콜라보레이션 변화

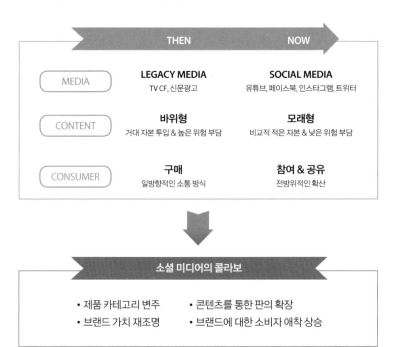

	THEN	NOW
MEDIA	**LEGACY MEDIA** TV CF, 신문광고	**SOCIAL MEDIA** 유튜브, 페이스북, 인스타그램, 트위터
CONTENT	**바위형** 거대 자본 투입 & 높은 위험 부담	**모래형** 비교적 적은 자본 & 낮은 위험 부담
CONSUMER	**구매** 일방향적인 소통 방식	**참여 & 공유** 전방위적인 확산

소셜 미디어의 콜라보

- 제품 카테고리 변주
- 브랜드 가치 재조명
- 콘텐츠를 통한 판의 확장
- 브랜드에 대한 소비자 애착 상승

죠. 물론 모든 브랜드가 가능했던 것은 아닙니다. 시즌성이 강한 콜라보 제품을 전방위적으로 마케팅할 만한 자본이 필요했기 때문인데요. TV CF, 신문 광고 등 '바위형' 콘텐츠를 제작하고 광고를 집행하기 위해서는 상당한 위험 부담과 복잡한 의사 결정 단계를 거쳐야만 했습니다.

그러나 미디어가 소셜이 되고 소셜이 미디어가 되면서 상황은 전환점을 맞았습니다. 비교적 적은 자본으로 제작하는 소셜 미디어, 즉 '모래형' 콘텐츠가 주≠가 된 것이죠. 하나의 브랜드가 다양한 소셜 미디어를 운영하게 되면서 니치 타깃 공략도 가능해졌고, '구매'로만 반응했던 소비자가 참여와 공유를 통해 적극 동참하면서 확장 가능성도 커졌습니다.

자, 이쯤에서 브랜드가 콜라보를 해야 하는 이유를 짚고 넘어가 볼까요? ▲제품 카테고리, ▲브랜드 가치, ▲콘텐츠, ▲소비자 네 가지 관점에서 분석해 보았습니다. 첫째, 제품 카테고리의 변주입니다. 새로운 제품을 창출함으로써 소장 가치를 높이고 구매 욕구를 자극하는 것인데요. 던킨도너츠가 아웃도어 브랜드 노르디스크와 캠핑 폴딩 박스를 출시했다? 우선 재밌습니다. 캠핑에 관심 있는 사람이나 커피를 좋아하는 사람 모두가 만족할 만한 카테고리이기도 하죠. 둘째, 특별한 이슈가 없다면 기존에 머물렀을 브랜드 가치를 재조명합니다. 새로운 상품이나 캐릭터 발굴로 경제적 가치를 높이고, 동종 업계 내 차별성을 확보할 수 있습니다. 셋째, 콘텐츠로 새로운 판을 만들 수 있습니다. 현대자동차는 넥슨 '카트라이더 러쉬플러스'와 손을 잡고 '쏘나타 N라인 모바일 카트'를 제작, '쏘나타 N라인 컵'으로 화제성을 이어 갔습니다. 마지막, 브랜드를 향한 소비자의 애착을 높일 수 있습니다. 내가 좋아하는 캐릭터나 스타의 얼굴이 있는 한정판에 손이 가는 건 당연한 법칙이죠. 더불어 트렌디한 상품과 서비스로 호감도도 올라가게 됩니다.

유쾌하면서도 희소성 있게

현재 제품 시장은 포화 상태입니다. 유명 브랜드의 신제품도 시장에 자리잡기 어려운데, 소비자에게 생소한 브랜드는 더 살아남기가 어렵죠. 그러므로 론칭을 하더라도 단독적으로 이슈를 만드는 데는 한계가 있습니다. 이러한 점을 극복하기 위해 가잼비(가격 대비 재미를 추구)를 중요시하는 MZ세대를 공략해야 합니다. 콜라보만으로도 이슈가 되는데, 펀슈머Fun+Consumer를 이끄는 기획이라면 눈도장을 확실히 찍을 수 있으니까요. 의류 잡화 브랜드 하이드아웃은 식품 브랜드 SPC삼립 삼립호빵과 유쾌한 기획을 선보였습니다. 삼립호빵의 따뜻하고 폭신한 질감을 표현한 호빵 모양의 쿠션, 머플러, 버킷햇으로 구성된 '플리스 호빵'과 '플리스 재킷'을 선보인 건데요. 소비자의 반응은 기대 이상이었습니다. 플리스 재킷은 판매를 시작한 지 하루도 채 되지 않아 동이 났고, 다른 색상 출시 등에 대한 문의도 쇄도했습니다.

시장을 공략하는 방식도 변했습니다. 해당 시리즈는 오직 온라인 패션 플랫폼 29CM에서만 한정 수량으로 단독 판매되었습니다. 산업통상 자원부에 따르면 2020년 11월 오프라인 유통 매출은 2019년 동월 대비 2.4%가 하락했지만, 반대로 온라인 유통은 17%가 향상했는데요. 집에서 대부분의 경제 활동을 하는 홈코노미족Home+Economy이 증가하면서 이커머스만으로도 충분한 시대가 온 것입니다. 실시간으로 판매율과 후기를 확인하고, 클릭 한 번으로 구매를 결정할 수 있으니까요. 희소성이 커지는데 접근성도 높아지다니. 아이러니하지만 이게 바로 온라인 콜라보의 매력입니다.

새로운 아이덴티티를 부여하다

신규 브랜드가 인지도를 높이기 위해 콜라보를 진행한다면, 기존 브랜드는 CVP를 굳건히 하기 위해 이를 활용합니다. 꺼져 가는 브랜드 파워를 되살리는 포션 역할을 톡톡히 해내기 때문인데요. MZ세대에게 콜라보 맛집으로 유명한 '곰표 밀가루'의 대한제분은 재기에 성공한 브랜드 중 하나입니다. 세븐브로이와 기획한 곰표밀맥주는 출시 일주일 만에 30만 개가 완판되었고, 곰표패딩은 '인싸패딩'이라고 불렸습니다. 덕분에 새로운 세대에게 생소했던 곰표는 새로운 아이덴티티를 부여받아 가장 트렌디한 브랜드로 거듭날 수 있었습니다.

또 명품 브랜드 디올과 스포츠 공룡 나이키의 협업인 '에어디올 조던'은 그야말로 '잘된 만남'이었습니다. 전자는 프리미엄과 럭셔리라는 이미지를, 후자는 대중성과 스포티한 감성을 보유한 업계 대표 브랜드인데요. 이들의 만남은 각자의 강점을 극대화하고 서로의 약점을 상충했다는 평을 받았습니다. 전 세계에 4,700족만 유통한 전략도 눈여겨볼 만합니다. 해당 제품은 디올 공식 사이트 내 추첨을 통해 판매되었고, 500만 명이 넘는 소비자가 응모에 참여했습니다. 일각에서는 한정판을 정가보다 비싸게 되파는 리셀Re-sell 문화를 겨냥했다는 이야기가 나오기도 했는데요. 국내에서는 300만 원 가량의 정가에서 400%가 넘는 리셀가로 거래된 바 있습니다.

소비의 기준, 인스타그래머블

최근 유통 업체가 생산에까지 손을 뻗고 있습니다. 제작 및 유통이 한 번에 가능한 PB[Private Brand] 제품*은 일반 제조 상품보다 발생하는 비용이 현저히 적기 때문에 가격 경쟁력을 확보할 수 있죠. 최근에는 가성비에 대세감이라는 옷을 입고 소비자를 끌어들이고 있습니다. 어떻게요? 콜라보로요. 편의점 CU는 하이트진로와 손잡고 쫀득한 두꺼비 마카롱을 출시했는데요. CU 최고 인기 PB 제품인 '쫀득한 마카롱'과 MZ세대에게 사랑받는 캐릭터 진로 두꺼비의 협업은 소비자들의 인증 욕구를 제대로 자극했습니다.

  PB 제품이 리미티드 에디션으로 출시되는 경우, 확산이 자발적으로 일어난다는 특징이 있습니다. 주소비층인 MZ세대의 화력 덕분이죠. 그렇다면 이들은 왜 제품의 홍보 대사를 자처하는 걸까요? 자신의 개성을 중시하는 이들이 인스타그래머블[Instagrammable, 인스타그램에 올릴 만한]함을 소비의 기준으로 삼고 있기 때문입니다. 소셜 미디어에서 일상을 공유하는 것이 당연한 이 세대는 끊임없이 자랑할 만한 콘텐츠를 만들어 갑니다. 오직 지금만 구매 가능한 제품을 통해 대세에 탑승하는 것이죠. 실제로 인스타그램 내 '#한정판'의 해시태그는 55만 회, '#편의점

* 유통업체가 자체 제작하거나 기획한 브랜드

신상' 등 연관 해시태그도 10만 회에 육박(2021년 5월 기준)합니다.

콜라보 기획 전 살펴볼 세 가지

마케팅 목표를 분명히

서문에서 콜라보는 시너지 효과를 발휘한다고 이야기했는데요. 앞서 소개한 곰표를 예시로 들어 보겠습니다. 곰표는 상당수의 브랜드와 팀업했는데, 그 기준이 '곰표 캐릭터와 잘 어울리고, 밀가루의 하얗고 부드러운 이미지를 해치지 않는 브랜드'라고 합니다. 그렇게 탄생한 시리즈는 모두 일관성 있는 톤앤매너를 보여 주며 사랑을 받았죠. 이에 반해 각각의 정체성을 해치는 만남은 역효과를 낼 수 있다는 걸 기억해야 합니다.

무한한 가능성의 장

명품 브랜드 구찌와 일본 애니메이션 캐릭터 도라에몽의 만남, 누가 예상했을까요? 이종 브랜드 간의 콜라보는 오히려 '치트키'^{Cheat key}가 됩니다. 뜬금없는 맥락에도 재미만 있으면 OK하는 MZ세대니까요. 가령 음악 레이블 매직스트로베리사운드와 제주도에 있는 독립 서점 책방무사가 단순 재미를 목적으로 '제주 아름이 초당 옥수수'를 출시하자, 일주일 만에 1만 개의 수량이 팔린 것처럼요.

타이밍의 중요성

소비자의 눈길을 사로잡을 타이밍은 어떻게 잡을 수 있을까요? 가장 쉬운 방법은 시즈너블Seasonable한 아이템입니다. 겨울을 맞아 출시된 삼립호빵과 의류 브랜드 하이드아웃의 '호빵 머플러와 버킷햇'은 계절에 어울리는 콜라보로 많은 사랑을 받았죠. 물 들어올 때 노 젓는 마케팅도 좋습니다. 출시 3일 만에 구글 플레이 스토어 매출 5위까지 오른 〈쿠키런: 킹덤〉은 B급 감성에 반응하는 소비자의 니즈를 빠르게 캐치, 공격적인 프로모션을 펼쳤습니다. 노라조와 콜라보한 뮤직비디오를 시작으로, KFC와의 콜라보를 통해 온오프라인을 넘나들며 활약했죠.

13

영리하게 소비하다
공홈구매

'공'식 '홈'페이지

요즘 MZ세대는 '공홈'에서 삽니다. 공홈이란 브랜드의 공식 홈페이지를 줄인 말로, 제조사가 유통사를 거치지 않고 직거래로 판매하는 채널을 의미하죠. 과거 똑똑하게 돈 좀 쓴다는 소비요정들에게 공홈은 그다지 영리하지 못한 선택지였습니다. 포털 사이트에 제품명만 입력하면 연일 최저가를 갱신하는 오픈마켓과, 동종업계 브랜드를 함께 취급하는 전문 플랫폼들이 넘쳐 났으니까요. 그런데 요즘 브랜드를 잘 아는 소비자라면, 번거롭게 다른 채널을 탐색하느라 시간을 쏟지 않습니다. 가장 빠르고 가장 확실한 창구, 공홈을 방문하죠. 공홈의 위상은 소비 패턴의 변화를 기민하게 읽은 생산자 즉 브랜드의 발 빠른 대처가 있기에 가능했습니다. 이는 다음 장에서 이야기할 D2C 직영몰 구축 전략과 아주 밀접하게 맞닿아 있는데요. 지금은 우선 소비자의 눈에서 왜 이런 현상이 일어났는지 파악하는 데 주력해 보도록 하겠습니다. 다시 처음으로 돌아가, 왜 공홈에서 구매를 결정하는 MZ 세대가 늘어났는지부터 생각해 봅시다.

가성비를 넘어 갓성비

MZ세대 사이에서 통용되는 '갓^{God}'은 일정 기준을 뛰어넘은 최고를 의미하는 수식어입니다. 그런 의미에서 '갓성비'는 최고의 가성비라는 개념이 되겠죠. 플렉스^{Flex}라는 말이 유행처럼 퍼지고 있지만, 사실 MZ세대는 그 누구보다 갓성비를 추구하는 세대입니다. 여기서 갓성비를 판단하는 기준은 가격만이 아닌, 제품 및 서비스를 구매하기 위해 들인 총체적인 요소의 합입니다. 구매 과정에서 들인 노력, 시간,

LG생활건강 피지오겔몰에서 제공하는 회원 혜택

감정 등을 모두 아우르죠.

공홈이 뜨는 이유도 바로 이 갓성비를 충족하기 때문입니다. 첫째는 가격에서의 메리트입니다. 원가보다 상시 할인된 가격으로 제품을 판매하는 오픈마켓과 달리, 공홈은 이따금씩 아주 파격적인 할인을 제공합니다. 매일 보는 3% 할인가보다는, 브랜드 데이에만 특별히 적용되는 50% 할인가가 훨씬 매력적이지 않을까요? 물론 별도의 회원 가입이 필요하다는 점에서 오픈마켓보다 유입 장벽이 있지만, 이는 두 번째 회심의 카드 혜택으로 상쇄해 버립니다. 현재 대부분의 브랜드 공식몰은 최초 가입 또는 카카오톡 플러스친구 추가 시 '첫 구매 할인 쿠폰'을 제공하고 있습니다. 이렇게 입성한 소비자는 회원이 된 후에도 사은품이나 생일에 활용할 수 있는 정기 할인 등 다양한 혜택을 누릴 수 있는데요. 이력이 많아질수록 높아지는 등급과 리뷰 작성이 늘수록 쌓이는 포인트는 구매 심리를 자극합니다.

번거로움도 비용이다

"○○○에서 직구했는데 이거 정품 맞나요?" 온라인 커뮤니티에서 심심치 않게 볼 수 있는 상담글입니다. 출처가 명확하지 않은 온라인 채널에서 제품을 구매했더니, 로고가 이상한 것 같기도 하고 하자가 있는 것 같기도 하다는 거죠. 제품이 자신이 지불한 만큼의 가치를 지니지 못한다고 여기게 되면, MZ세대는 해당 채널에 재방문하지 않을 것입니다. 제아무리 저렴하다고 해도 망설이거나 고민하느라 생긴 스트레스 또한 비용이라 여기거든요. 하지만 공홈에서는 이러한 번거로움을 생략할 수 있습니다. 공식이라는 이름이 정품을 입증하는 데다 교환이나 환불이 유연하게 진행되기 때문이죠. 유통을 컨트롤하니 고객 응대도 매우 빠른 편입니다. 만약 배송 과정에서 문제가 생겼다? 소비자는 "고객님 그 부분은 저희가 책임질 수 없어요"와 같은 류의 답변 대신 "불편 느끼신 부분 받아들이며, 새로운 제품을 보내드리겠습니다"와 같은 명쾌한 해답을 얻게 됩니다.

오픈마켓의 빠른 배송에 대항할 만한 강점도 돋보이는데요. 바로 오프라인 매장과의 연동성입니다. 나의 동선에 맞춰 '매장 픽업 서비스'를 신청하거나 온라인 구매 제품의 교환 및 환불을 오프라인에서 진행할 수 있습니다. 온·오프라인을 아우르는 재고 파악이 가능하니, 손꼽아 기다리는 제품의 재입고 소식도 어떤 채널보다 빠르게 접할 수 있죠.

나를 이해해주는 채널

MZ세대는 개인의 다양성을 인정받으며 자랐습니다. 그래서 소비에서도 자신을 존중해 주는 채널을 선택하는 경향이 강하죠. 공홈은 이러한 갈증을 해소하기에 적합합니다. 어느 유통사보다 자사 제품에 대한 이해도와 전문성이 높고, 회원 개개인에 대한 데이터를 보유하고 있기 때문이죠. 가령 피부 보습을 위해 코스메틱 브랜드 피지오겔 제품을 구매하려는 소비자가 있다고 가정해 봅시다. 오픈마켓에서 피지오겔을 검색하면 판매순으로 제품을 확인할 수는 있지만, 타인의 판단 기준이 나와 일치할지 확신이 들지 않을 것입니다. 수많은 라인

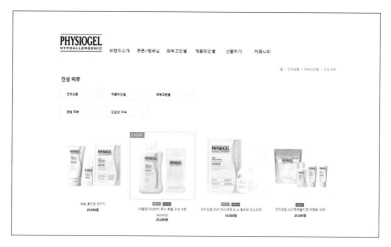

피부 고민별 제품을 볼 수 있는 LG생활건강 피지오겔몰

의 제품 성분을 확인하려 랜딩 페이지를 일일이 비교하는 것도 힘들고요. 이때 피지오겔 공식몰은 좋은 대안이 됩니다. 피부 타입에 따라 추천하는 제품이 구분되어 있어 내 고민에 맞는 제품을 선택할 수 있거든요. 각각의 제품 라인도 친절하게 나누어져 있고, 전체 상품의 리뷰를 한꺼번에 모아 확인할 수도 있습니다. 최근에는 공홈을 통해 개인의 구매 패턴과 리뷰를 중심으로 솔루션을 제공하거나, 관련 제품의 우선 구매권을 지급하는 방식이 활발히 도입되고 있습니다.

감성적인 퍼스널 쇼퍼

제품의 기능과 효용으로 소비자를 설득하는 시대는 가고, 감성과 메시지로 소통하는 시대가 왔습니다. MZ세대가 브랜드를 선택할 때 가장 중요하게 여기는 가치도 이와 같습니다. 의류 브랜드 키르시^{KIRSH}나 오아이오아이^{oioi}의 로고가 새겨진 티셔츠를 사는 이유는 그 브랜드가 향유하고 있는 사랑스러움, 발랄함을 선호하기 때문이기도 합니다. 공홈은 그런 브랜드의 감성을 가장 잘 보여 주는 얼굴입니다. 브랜드의 정체성과 이들이 추구하는 가치를 화면에 표현해 내는 것이죠. 일부 로열 오디언스는 신제품을 구매하기 위해 공홈을 접속한다고 말하는데요. 오픈마켓에는 비교적 지난 시즌 제품이 많은 반면, 공홈은 가장 빨리 가장 많은 신제품을 취급합니다. 팝업 스토어 오픈이나 굿즈 제작 등의 최신 소식도 업로드된다는 이점도 빼놓을 수 없고요. 실제로 MZ세대에게 사랑받는 또 다른 의류 브랜드 널디^{NERDY}의 경우 2020년 전체 매출 중 공홈의 비율이 50%를 상회했다고 발표했습니다. 한 구매자는 인터뷰를 통해 "공홈에서 컬렉션 별 룩북을 참고할 수 있어서 코디하는 데 도움을 받고 있어요. 실제로 착용해 보고 싶을 때 집에서 가까운 매장이 어디인지도 바로 확인할 수 있고요."라고 밝혔습니다. 공홈을 구매처이자 카탈로그 그리고 퍼스널쇼퍼로 활용하고 있는 것이죠. 이 같은 양상은 브랜드 소셜 미디어를 구독하거나 평가 및 피드백에 깊게 관여하는 팬슈머일수록 강하게 나타납니다. '사려고 오는 사람'과 '보려고 오는 사람'을 모두 잡는 해답지, 여기에 있습니다.

14

광고와 함께하는 구매 여정

친광고족

SKIP

유튜브 영상 재생에 앞서 뜬 광고 스킵^{Skip} 버튼, 일말의 망설임 없이 누르시나요? 재밌게도 MZ세대는 광고를 한 번 더 들여다봐 준다고 합니다. 자신들의 이목을 끌면 공유 버튼을 누르거나 따로 검색을 하기도 하고요. 이러한 변화는 광고가 송출되는 플랫폼이 레거시 미디어에서 소셜 미디어로 확대된 몇 년 사이에 급격하게 일어났습니다.

우선 포맷이 다양해졌습니다. 텍스트, 이미지, 영상에 그쳤던 광고가 훨씬 능동적으로 진화했습니다. 캐릭터나 인물이 움직이기도 하고 클릭하면 구매 페이지로 연결되기도 하죠. 결정적으로, 광고의 수용 여부를 결정하는 선택권이 소비자에게 넘어왔습니다 최대 다수에게 최다 노출됐던 과거의 광고를 떠올려 보세요. 좋아하는 TV 프로그램을 기다리면서 보던 광고나 신호등이 바뀌기 전 횡단보도에서 응시하던 옥외 광고를 말이죠. 채널을 돌리거나 시선을 돌릴 수는 있었지만,

나의 의사를 표현할 수는 없었습니다. 반면 지금은 버튼을 눌러 즉각적으로 화면을 바꾸거나 '이 광고가 마음에 들지 않습니다'라는 피드백을 제출할 수도 있게 되었죠. 대상에 대한 관여도가 높아진 소비자는 자신이 결정권자라고 받아들이게 됩니다. "내가 이걸 왜 봐야 해"보다 "내가 볼지 말지 생각해 볼게"라는 생각이 우세해지니 자연히 거부감도 줄어들게 되고요. 강제적으로 봐야 했던 것과 선택적으로 보는 것의 차이입니다.

광고와 콘텐츠의 경계가 흐려졌다

모든 것에는 명明이 있으면 암暗이 있다고 하죠. 소셜 미디어 광고는 소비자와 한층 가까워졌지만, 시작과 동시에 소비자의 마음을 사로잡아야 하는 특명이 내려집니다. 그러다 보니 광고에도 적자생존의 공식이 적용됩니다. 소비자에게 도달하기 위해서 콘텐츠의 성격을 강화하게 된 것이죠. 실제로 지금의 광고는 콘텐츠를 구성하는 3요소(캐릭터, 메시지, 스토리)가 매우 뛰어납니다. 거부감 없이 보고, 자발적으로 공유할 만큼 말이죠. 이걸 잘 보여 주는 예시가 여성 온라인 패션 플랫폼 지그재그zigzag가 배우 윤여정과 함께한 2021년 캠페인 광고 영상입니다.

캐릭터
MZ세대를 타깃으로 하는 지그재그가 70대 배우를 모델로 기용했습니다. 타깃과 비슷한 나이대의 배우를 얼굴로 하는 경쟁사와는 사뭇 대비되는 행보였는데요. MZ세대의 반응은 오히려 열광적이었습니다. 바로 윤여정이라는 매력적인 캐릭터를 광고 전면에 내세웠기 때문입니다. 그는 패셔너블합니다. 작품을 통해서는 개성 있는 연기를, 다수 예능에서는 개방적이고 진취적인 사고방식을 보여 줘 왔죠. MZ세대에게 윤여정은 '정겹고 다정한 할머니'나 '옛날 어르신'이 아니라 닮고 싶은 롤모델인 것입니다.

메시지

롤모델을 통해 전달하고자 하는 브랜드 메시지는 뭘까요? "다양한 선택지가 있는 지그재그에서 쇼핑하라"입니다. 광고는 이걸 효과적으로 담아 낼 수 있어야 하죠. 그래서 해당 광고는 이를 "Shopping is zigzag"(쇼핑은 지그재그)라는 슬로건으로 대체합니다. 바로 직구를 던지는 대신, 윤여정의 목소리를 빌려 "남 눈치 보지 말고 마음껏 사", "마음이 왔다 갔다(하면) 사는 거지 뭐", "너희들 마음대로 사세요"라고 설득하고요. 이는 캐릭터가 향유하는 삶과 겹쳐지면서 강한 울림을 줍니다.

스토리

좋은 캐릭터와 잘 만든 메시지는 스토리를 통해 전달됩니다. 해당 광고에서는 윤여정이 광고 모델로 발탁되고, 광고를 촬영하고, 홀로 소감을 읊조리는 일련의 과정이 펼쳐집니다. 15초의 짧은 분량이지만, 단편 영화처럼 주제와 기승전결이 있죠. 게다가 블랙 드레스에 레드 립을 한 그의 모습은 화보처럼 멋스러워 시각적인 만족감까지 줍니다. 그러니 당장은 제품 및 서비스를 구매할 마음은 없는 소비자도 눈과 귀를 열고 집중하게 되는 것입니다.

정보를 주면 광고도 좋다

반면, 제품 및 서비스를 구매하려고 마음먹은 MZ세대는 광고를 더욱 능동적인 방식으로 활용하기 시작합니다. 내가 무관심했던 주제까지 무분별하게 받아 봐야 했던 과거와 달리 내가 관심 있게 찾아보는 주제가 우선 노출되는 걸 이해하고 있거든요. 운동복을 고민한다면 레깅스를 검색하고, 해당 제품을 취급하는 페이지에 방문합니다. 온라인상의 발자취에 맞춰 알고리즘이 작용하는 것을 아는 똑똑한 소비자들이죠.

그런 의미에서 페이스북은 여타 소셜 미디어와 구분되는 특징을 갖

한미헬스케어 완전두유 커머스 영상

습니다. 불과 얼마 전만 해도 MZ세대는 페이스북에 대한 불신을 '믿 거페'(믿고 거르는 페이스북)라는 줄임말로 표현했습니다. '사회 관계 망 서비스'라는 명목하에 내 친구의 소식을 받아 보던 페이스북이 광 고 집합소가 됐다는 푸념인데요. 대체할 만한 소셜 미디어가 늘어나 고 광고에 대한 이해도가 높아지면서, 페이스북을 바라보는 MZ세대 의 인식도 변화하게 됩니다. 페이스북을 나의 소비를 돕는 전용 플랫 폼으로 여기게 된 것이죠.

왜일까요? 페이스북은 광고에 대한 인지가 쉬운 플랫폼입니다. 광 고인지 아닌지 헷갈리는 인스타그램보다는 '내가 바로 광고다'라고 대놓고 말하는 페이스북이 더 분별력 있다는 판단이죠. 게다가 인스 타그램의 광고가 이미지 위주인 반면, 페이스북은 이미지와 영상이 모두 활성화되어 제품에 대한 다양한 정보를 얻는 데 용이합니다. 감 성적인 이미지 한 장에서 얻을 수 있는 정보는 극히 제한되어 있습니 다. 반면, 페이스북 타임라인마다 노출되는 짧은 광고 영상은 원물의 속성과 기능을 전달하는 데 집중됐기 때문에 실물 확인이 쉽고 다른 사용자의 후기를 살펴볼 수도 있습니다. 여러모로 소비자의 구매 결 정에 도움을 주는 것이죠.

일 잘하는 브랜드의 광고 전략

소셜 미디어 광고에서는 무언가를 할 수 있습니다. 이 무언가가 뜻하 는 의미는 다양합니다. 나와 맞는 제품 및 서비스를 (1) 찾고 (2) 시도 해 보고 (3) 구매하는 모든 작업이 가능해졌거든요. 이제 MZ세대는 광고를 시청하고, 일부러 광고에 노출되는 걸 넘어 하나의 광고에서 모든 구매 여정을 완주합니다.

최근 많은 브랜드는 소비자가 매장을 방문하지 않아도 제품이나 서비스를 체험할 수 있는 콘텐츠를 기획하고 있습니다. (1) 소비자가 자신의 취향을 입력하면 적합한 제품을 추천해 주거나 잘 맞는 제품을 선택할 수 있도록 체크리스트를 제공하죠. (2) AR 필터를 활용해 트라이아웃Try-out할 수 있는 콘텐츠도 빠른 속도로 퍼지고 있는데요. 사용자가 필터를 적용한 채 촬영 버튼을 누르면, 화면을 배경으로 제품을 시연하는 방식을 떠올리면 쉽습니다. (1)과 (2)에서 긍정적인 경험을 한 소비자의 손가락은 곧바로 (3)을 향해 갑니다. 따로 검색하거나 찾지 않아도 링크 클릭 한 번에 구매가 가능한 랜딩 페이지로 이동하는 걸 아니까요. 만약 (3)이 불편하거나 복잡하다면 소비자는 제품 및 서비스를 인지하거나 탐색하는 단계에서 그날의 구매 여정을 마칠 겁니다. 하지만 쉽고 빠르다면? '살 수 있는 광고'가 꽤 유익하다고 여기게 되겠죠. 그렇게 유입된 브랜드를 다시 찾을 가능성도 커지고요. 한마디로 말하자면, MZ세대 소비자에게 광고는 방해꾼이 아닌 조력자입니다. 일 잘하는 브랜드라면 어떻게 조력자의 포지션을 유지할지 끊임없이 고민해야 할 것입니다.

15

진정성도 중요하다
내돈내산

1. 사고 싶은 제품의 '#내돈내산'을 검색한다
2. '인기순'이 아니라 '최신순'으로 결과를 확인한다
3. 그중 믿을 수 있는 정보를 습득한다

MZ세대의 탐색법입니다. 무언가를 사야 하거나 사고 싶을 때, 이 세대는 타인의 구매기記를 모두 믿는 게 아니라 믿을 만한 것을 똑똑하게 분리해 냅니다. 그래서 탄생한 키워드가 '내돈내산'(내 돈 주고 내가 산)인데요. 협찬이 아니라 구매자가 재화와 시간을 직접 투자해 얻은 결과를 공유하고자 하는 의미를 담고 있습니다. 더 나아가 '인기순'이 아닌 '최신순'으로 게시물을 확인하는데, 이는 단순히 '좋아요'가 많이 눌러서 혹은 광고를 집행했기 때문에 상단에 노출되는 건 믿지 않겠다는 의미입니다. 실시간으로, 그 어떤 작용도 받지 않은 가장 날 것을 찾는 것이죠. 진위 여부를 판단하는 건 나의 몫이니까요.

이런 현상은 왜 나타난 걸까요? 여기엔 두 가지 원인이 읽힙니다.

사용자의 구매기가 아주 유용한 마케팅 도구란 걸 인지한 판매자들이 가짜를 유통하기 시작했습니다. 2020년 한국경제는 온라인 채널 리뷰가 건당 5천 원에 거래된다고 폭로한 바 있습니다. 온라인 카페에 후기를 올리고 댓글을 다는 활동을 묶어 패키지로 판매하는 업자도 늘고 있죠. "이 제품을 먹었더니 활력이 생기고 피부가 좋아졌어요"라는 글이 더 이상 신빙성 없어진 것입니다. 앞서 소셜 미디어를 휩쓸고 간 뒷광고 논란도 빼놓을 수 없습니다. 누군지도 모르는 익명의 카페 사용자보단 내가 구독하는 인플루언서를 믿기로 했더니 웬걸. 그들의 추천마저도 그저 협찬에 지나지 않았다는 사실에 극도의 배신감을 느끼게 됩니다. 소비자의 구매 결정을 도왔던 타인의 구매기가 오히려 이를 방해하는 아이러니한 현상이 발생한 것이죠. 이제 소비자는 마음을 굳힙니다. 진정성과 전문성을 갖춘 진짜배기를 가려내겠다고 말이죠.

진짜 구매기를 걸러내는 방법

가짜 리뷰의 범람이 제품 판매 실적까지 영향을 끼침에 따라 온라인 유통업계도 색출 작업에 힘을 쏟고 있습니다. 국내외 대표 이커머스 플랫폼들은 AI 기술을 통한 1차 검문을 진행 중인데요. ▲동일한 키워드가 반복되거나 ▲평점만 높고 제품과 무관하거나 ▲같은 IP로 반복 게재하는 내용은 비정상적인 패턴으로 걸러집니다. 실제 구매 데이터 기반의 리뷰를 확보하기 위해 내부 시스템도 강화하고 있는데요. 올리브영의 경우 사용자의 리뷰가 '도움이 돼요' 평가를 받을 때

'좋아요'를 표시하거나 댓글을 달 수 있는 리뷰 페이지

마다 포인트를 지급합니다. 사용자가 제품을 사용하며 느꼈던 주의해야 할 점이나, 불편했던 점을 적나라하게 공개할수록 그 지수가 높게 나타나죠. 네이버쇼핑에서는 구매 후 일정 기간이 지나면 '한 달 사용 리뷰'를 작성할 수 있는데요. 생생한 경험을 공유할 수 있다는 점에서 신뢰를 느끼는 사용자가 많습니다. 이제 막 포장을 뜯은 듯 깨끗한 새 제품보다는 사용감이 물씬 느껴지는 헌 제품을 보고 '이건 진짜다'라며 안도하는 것이죠.

리뷰와 후기도 돈이다

여과 시스템이 개선됨에 따라 사용자의 만족도는 다시 높아지고 있습니다. 이제 우리가 고민할 부분은 '이 구매기를 얼마나 더 긴밀하게 매출과 연결할지'인데요. 본격적인 이야기를 하기에 앞서 구매기, 즉 리뷰와 후기에 대한 정의를 재정립하고자 합니다. 이 두 용어는 본질적으로 같은 의미를 지니지만, 우린 이걸 구분함으로써 전략을 달리할 것입니다.

리뷰[review]: 검토, 복습, 보고서, 논평

후기[後記]: 덧붙여 기록함 또는 그런 글, 뒷날의 기록

이렇게 보면, 리뷰는 제품의 속성과 특징을 분석하고 정보를 전달하기 위한 글에 가깝습니다. 주로 이커머스 플랫폼 내 제품 랜딩 페이지 하단에 노출되는 한 줄 평, 별점 등이 여기에 속하겠죠. 반면 후기는 구매 후 사용자의 경험을 바탕으로 합니다. 개인이 처한 환경, 특수한 상황 등이 변수로 작용되죠. 포털 사이트 블로그나 소셜 미디어에 올라오는 게시물로 이해하면 쉽습니다.

리뷰 - 개인화 전략

뷰티 플랫폼 '화해'는 리뷰를 기반으로 성장했습니다. 구매자가 솔직한 리뷰를 남기고, 이들이 직접 제품의 랭킹을 매기면 이게 또 다음 구매와 리뷰로 이어지는 방식이죠. MZ세대가 화해를 이용하는 이유 첫째는 6백만 개에 달하는 리뷰(2021년 4월 기준)가 주는 신뢰감입니

다. 10명보다는 100명의 목소리에 귀를 기울이게 되니 당연한 이야기입니다. 둘째는 정보성입니다. 대부분 간단한 텍스트보다는 별점이나 이미지처럼 가시화된 정보를 선호하는데요. 화해는 더 자세한 리뷰를 기재할수록 추가 포인트를 제공하는 방식을 활용하고 있습니다. 이미지 등록 전 '가이드 첨부' 기능을 누르면 섹션이 뜨는데요. 사용 전, 사용 후, 제형, 발림성, 발색, 패키지 등으로 나뉜 구간에 여러 장의 이미지를 나누어 업로드할 수 있습니다. 사용자에게 최대한 '의미 있는' 정보를 주겠다는 의도를 엿볼 수 있습니다. 가장 중요한 마지막 요소는 개인화입니다. 화해는 제품 큐레이션이 아니라 리뷰에 개인화 필터를 제공하고 있습니다. 피부 타입, 고민, 연령대, 성별을 적용하면 나와 일치하는 이들의 리뷰를 보여 주는 것이죠. 실제로 해당 기능을 사용하는 10~20대 비중은 73%에 달한다고 합니다.

후기 – 검색 노출 관리

메가 인플루언서의 목소리를 빌렸던 과거의 방식도 전환점을 맞았습니다. 개개인이 능동적인 마케터의 역할을 하는 체험단과 서포터즈의 SOV 콘텐츠를 증대하는 것이 대안으로 떠올랐죠. 신제품 론칭 초기 단계에서 소셜 미디어 유저 중 체험단을 선정해 제품을 무상 제공하는 것도 좋습니다. 체험단에게 미션을 제공하고, 이를 수행하면서 제품을 실제로 사용하고 느낀 점을 블로그나 인스타그램에 게재하도록 하는 방식인데요. 금전적인 혜택이 없다는 점에서 여타 협찬 및 광고와는 다른 성격을 띕니다. 똑똑한 요즘 소비자에겐 광고성 짙은 후기보다는 있는 그대로의 솔직한 평가가 더 소구력 있기 때문이죠. 이제 신뢰도의 차이가 새로운 패러다임을 선도할 것입니다.

2부

잘 팔리는 브랜드의 커머스 전략

MZ세대를 공략할 트렌드를 알았다면, 실질적인 세일즈 증대와 효과적인 브랜딩을 위해 커머스 생태를 파악할 필요가 있습니다. 이커머스가 오프라인 커머스 점유율을 역전하고 있는 지금. 대형 유통사로 대표되는 전통 이커머스와 모바일에 기반을 둔 신생 이커머스의 현황과 미래는 어떨까요? 라이브 커머스는 왜 성장했고 어떻게 성장할까요? 더에스엠씨그룹이 커머스에서 쌓아 올린 경험과 전략을 바탕으로 여러분의 브랜드에게 솔루션을 제공하고자 합니다. 이 실전서에서 해답을 찾고, 다음의 고민을 얻어 가길 바랍니다.

01

Public Commerce
퍼블릭 커머스

구독 서비스의 활성화

"좋아하는 장르만 추천해 주니까 영화 찾을 시간이 줄잖아요"

– 21세, OTT 서비스 구독자

"광고 SKIP 버튼 기다릴 시간에 플레이리스트 한 곡 더 듣는 게 낫죠"

– 18세, 유튜브 프리미엄 구독자

구독購讀, 구하여 읽다, 일정 기간 요금을 지불하고 책과 잡지 등을 받는 소비 형태를 일컫습니다. 2021년, 구독은 새로운 비즈니스 모델이 아닌 일상적인 용어로 자리 잡았는데요. 구독이 불가했던 제품 및 서비스로 그 영역이 확장되고, 사용자의 인식도 변화했기 때문이죠. 저작권에 대한 인지가 미미했던 과거와 달리 디지털 네이티브 MZ세대는 콘텐츠를 누리기 위해서는 합당한 지불을 하는 것이 당연하다고 생각하고 있습니다. 2020년 엠브레인 트렌드모니터 조사 결과에 따르면 앞으로 더 다양한 구독 서비스를 경험해 보고 싶다고 답한 MZ세대의 비율은(10대: 78.4%, 20대: 73.7%, 30대: 71.4%) 다른 세대보다(40대: 52.3%, 50대: 61.8%, 60대: 52.8%) 현저히 높게 나타났습니다. 재밌는 건 소비력이 가장 낮은 Z세대가 구독에 가장 진심이라는 것입니다. 용돈을 쪼개거나 아르바이트를 하더라도 구독은 포기 못 하는 이들의 심리는 무엇일까요?

구매 대신 구독을 택한 이유

취향 아카이브

"○○님을 위한 추천작" 넷플릭스가 최고의 OTT 플랫폼으로 성장한 데에는 알고리즘의 덕이 컸습니다. 넷플릭스에 따르면 플랫폼 내 영화의 75%가 추천 알고리즘을 통해 소비됩니다. 구독이 정액제를 넘어 취향의 개념을 포용하고 있는 것이죠. 사용자는 플랫폼을 통해 내가 소비한 콘텐츠를 분류하고, 새로운 콘텐츠를 제안받습니다. 어찌 보면 취향을 발견하고 정립하는 과정을 함께하는 것인데요. 신선하고 쿨한 구독 서비스를 이용하면서 나의 취향을 드러내기도 합니다. 밀리의 서재를 구독한다, 왠지 학구적인 이미지가 풍겨오지 않나요? 꽃을 구독하는 이는 감성적으로 느껴집니다.

Very Important Person

유튜브 프리미엄의 론칭을 기점으로 구독 서비스는 일반 회원과 'VIP

회원'을 구분 짓는 기준이 되었습니다. VIP 회원에게는 불필요한 관문을 프리패스할 수 있는 특권이 주어지죠. 이전 세대 중 일부는 '광고 몇 초 보고 무료로 볼 수 있는데 굳이 돈을 낸다고?'라며 고개를 갸웃할지 모르겠습니다. 하지만 볼 게 넘치고 할 게 많은 MZ세대에겐 그 시간조차 경험으로의 직행을 방해하는 장애물일 뿐이죠.

나심비 추구

나심비란 소비의 중심을 나에 맞춰 불필요한 노력을 최소화하려는 경향입니다. 편리함을 최우선으로 고려하는 '편리미엄'이나 가성비보다 만족도에 초점을 둔 '가심비'를 아우르죠. 나심비를 추구하는 이들은 자기만족을 위해서 추가 비용을 지불하는 데 거리낌이 없습니다. 듣고 보는 콘텐츠뿐 아니라 입고 먹고 쓰는 제품 및 서비스도 구독 대상입니다. 반복 구매 신청이 필요 없는 데다 운반에 필요한 노력을 대폭 줄일 수 있기 때문이죠.

퍼블릭 커머스의 핵심은 구독

2016년 25조 9천억 원이었던 국내 구독 경제 시장은 2020년 54% 증가한 40조 원(출처: KT경제경영연구소)을 기록했습니다. 업계 전문가들은 비대면 소비의 확산으로 전 세계 구독 시장이 수백조 규모로 성장할 것이라 전망했죠. 기업이 구독을 바라보는 관점도 변화했습니다. 제품 및 서비스를 정기적으로 제공하던 '패키지'의 개념을 넘어선 것인데요. 자체 시스템을 전면 개방하고, 사용자가 그 안에서 '경험'을 누릴 수 있도록 하고 있습니다. 국내 최대 포털 두 곳의 네이버플러스 멤버십이나 카카오톡 이모티콘 플러스가 그 예죠. 양사가 구독 서비스로 잘 구축한 생태계를 매듭짓고 있다면, 이곳은 구독이라는 그물을 던져 저변을 넓히고 있습니다. 바로, 미국 월스트리트저널 추정 기업가치 55조2천억 원을 기록한 '한국판 아마존' 쿠팡입니다.

이커머스 사업으로 도약한 쿠팡은 음식 배달 서비스 '쿠팡이츠', 라이브 커머스 '쿠팡 라이브', OTT '쿠팡플레이' 등을 통해 거대한 플랫폼을 꾸리고 있습니다. 쿠팡이 경쟁사보다 월등한 위치를 선점할 수 있었던 데에는 구독 서비스의 역할이 컸습니다. 쿠팡 '로켓와우 멤버십'은 매달 2천9백 원을 내면 로켓배송과 동영상 스트리밍 서비스를 이용할 수 있는 정액제인데요. 1,485만 활성 고객 중 무려 32%인 약 475만 명이(2020년 12월 기준) 여기에 가입했습니다. 구독료로 인한 고정 수입도 상당하지만, 여기서 파생되는 효과가 아주 흥미롭습니다.

객단가 상승

2019년 쿠팡이 로켓와우 멤버십을 시작한 이래 가입자 구매액 증가 폭이 눈에 띄게 커졌습니다. 2016년에 첫 구매를 한 고객은 2017년에는 첫해 구매액의 1.37배, 2018년에는 1.8배를 사용했는데요. 2019년에는 2.7배, 2020년에는 3.5배를 썼습니다. 로켓와우 회원의 구매 빈도도 일반 가입자의 4배 이상입니다. 구독료 이상의 가치를 얻고픈 회원의 잔류 시간이 길어지면서 소비도 덩달아 커지는 것이죠.

AD ID 확보

기업에 로열 오디언스가 중요한 이유는 분명합니다. 첫째, 수요와 매출을 좀 더 정확히 예측할 수 있습니다. 둘째, 마케팅 전략을 수립하고 집행할 가이드 라인이 생깁니다. 셋째, 축적한 AD ID를 통해 개인화된 경험을 제공하기 용이합니다. 그에 앞서 고민할 부분이 로열 오디언스를 분류하는 기준입니다. 구매력이 있고, 활발한 인터랙션을 보이며, 잔존율은 높고 이탈률은 낮은 사용자. 쿠팡의 경우 로켓와우 멤버십 회원으로 모수를 설정하게 되겠죠.

구매 전환율 상승

구독 회원의 경우 큰 문제가 있지 않은 이상 꾸준히 구독을 이어갈 가능성이 높습니다. 제품의 구매자이자 서비스의 사용자이기 때문에 플랫폼 개선을 위해 활발한 피드백을 주는 것도 개의치 않겠죠. 2차 콘텐츠 생산에도 적극적입니다. 꼬박꼬박 양질의 리뷰를 작성하고 자발적으로 이벤트를 공유하기도 하는데요. 이들의 활동은 신규 고객을 유입하고, 브랜드를 홍보하는 선순환으로 이어집니다. 그로 인해 전반적인 구매 전환율도 자연히 높아지게 됩니다.

그간 국내 커머스 시장의 열쇠는 오프라인을 기반으로 한 대형 유통사가 쥐고 있었습니다. 거대 자본으로 물류를 컨트롤하면서 접근성을 갖춘 매장으로 소비자와의 접점을 넓혀 왔죠. 수백 평의 매장이 스마트폰에 들어오고, 손가락으로 스와이핑하는 비대면 소비가 늘어나면서 이 시장도 변곡점을 맞았습니다. 자체 라이브 커머스와 간편 결제 시스템을 갖춘 플랫폼이 커머스 사업을 확대하면서 무게 중심이 옮겨졌기 때문인데요. 실제로 2021년 쿠팡이 미국 뉴욕증권거래소(NYSE)에 상장하면서 첫날 시가총액 첫날 100조 원을 기록했습니다. 같은 해 3월 기준 국내 1위 백화점인 롯데쇼핑의 시가총액은 3조5300

억원, 국내 1위 대형마트인 이마트의 시가총액은 5조원에 머무른 것을 고려하면 상당한 격차죠. 오프라인 기업들이 앞다투어 온라인 플랫폼과 손잡고 디지털라이제이션을 꾀하는 이유도 여기에 있을 것입니다. 구독 서비스 활성화는 퍼블릭 커머스 플랫폼Public Commerce Platform[*]이 나아갈 길입니다. 시작은 경쟁력 확보에서 출발합니다. 적합한 카테고리를 선정하고, 차별성을 갖춘 제품과 서비스를 제공해야 합니다. 주력 사업에서 일정 규모의 경제를 달성했다면 다음은 플랫폼으로서 영역을 넓혀 가야 하죠. 누차 강조했듯 관건은 고정 고객인 구독 회원 확보에 있습니다. 쿠팡, 네이버, 카카오 등 구독 서비스를 도입한 퍼블릭 커머스 플랫폼의 가능성은 아마존의 성공으로 확인할 수 있는데요. 아마존이 2004년 출시한 유료 멤버십 '아마존 프라임'은 전 세

[*] 소비재 시장 전반을 아우르는 규모의 이커머스 플랫폼으로 뉴리테일을 선도하고 있다. 153p 참조

계 17개국에서 1억5천만 명의 가입자와 21조 원의 연회비를 확보했습니다. 2020년 아마존의 4분기 매출은 1,244억 6천만 달러, 한화 136조 8천억 원입니다.

02

Vertical Commerce
버티컬 커머스

DNVB

DNVB^{Digitally Native Vertical Brand}, 사뭇 낯설게 느껴지는 단어이실 텐데요. 미국 기업가 앤디 던^{Andy Dunn}이 창시한 용어로, 오프라인 기반이 아닌 디지털 태생으로 생산 과정의 수직적 통합이 이루어진 버티컬 브랜드를 뜻합니다. 이들은 ▲대형 유통 플랫폼에 입점하지 않고 ▲자사 직영몰에서 새로운 제품을 론칭해 ▲그 안에서 콘텐츠 커머스 마케팅을 합니다. 국내에서는 액티브웨어 브랜드 '젝시믹스', 미니 마사지기 '클럭', 매트리스 브랜드 '몽제'가 예입니다. 탄생부터 소비자와의 관계 형성 및 소통 방식 그리고 구매로의 연결까지 모든 과정에서 기존과 판이한 DNVB가 시장의 판도를 뒤바꾸고 있는데요. 모든 결과에는 이유가 있듯, DNVB의 출현에도 그럴 만한 배경이 있습니다.

기존의 커머스에서는 유입률과 전환율이 높은 유통사에 입점하는 것이 판매 경쟁력을 판가름했습니다. 매출의 10~40%를 대형 쇼핑몰이나 오픈마켓 등 유통사에 수수료로 지불해야 하기 때문에 제조사(판매사)가 이익을 증대하기 쉽지 않은 구조인데요. 다행히도 뉴미디어의 발전이 이들의 손을 들어 주었습니다. 전통 유통사의 힘을 빌리지 않아도, 자체 구축한 직영몰 내 랜딩 페이지에서 소비자와 직접 만날 수 있게 되었기 때문이죠. 이들은 기획, 디자인, 공장 제조, 판매, 마케팅, 유통 그리고 운영 관리까지 전반적인 과정을 컨트롤하며 '신흥 유통사'로 거듭나고 있습니다. 또한 생산 및 판매 비용을 최소화한 덕에 기존 이커머스 대비 매출 총 이익이 2배, 기여 마진이 4~5배 정도 높아진 신흥 유통사는 새로운 도전에 뛰어들고 있습니다. 오프라인을 기반으로 하지 않아 위험 부담이 비교적 적고 즉각적이고 빠른 '촉'이 살아남는 게임, 바로 DNVB입니다.

제품이 아닌 솔루션을 판매하다

DNVB는 소비자가 기존 제품을 사용하며 느꼈던 불편함을 해결하는 데 집중해야 합니다. 그건 제품의 기능적인 측면뿐 아니라, 공감이나 설득력처럼 감정적인 요소일 수도 있죠. 생각해 보면 제품은 소비자가 문제를 해결하기 위한 수단 중 하나일 뿐입니다. 누군가는 제품을 기다리거나 포장을 푸는 순간을 경험하기 위해서, 혹은 브랜드가 추구하는 가치에 동조한다는 의미로 '구매' 버튼을 누르기도 합니다. 소비자의 공감과 참여를 끌어내는 포인트. 이 솔루션을 크게 세 가지 카테고리로 나눠 분석해 보았습니다.

커스터마이즈^{Customize}

차별화된 제품에 맞추어 개개인의 니즈에 맞는 서비스를 제공해야 합니다. 2010년 설립된 와비파커^{Warby Parker}는 온라인에서 안경을 판매하는 것으로 수백 년간 멈춰 있던 시장을 변혁했습니다. 안경을 직접 착용해 볼 수 없다는 허들을 뉴미디어에 걸맞은 개인화 서비스로 뛰어넘었죠. 바로 소비자가 본인의 얼굴 사진을 올리면 안경을 가상으로 합성해 주는 가상 착용^{Virtual-try-on} 서비스인데요. 시범 착용 기능뿐 아니라 고객이 선호하는 스타일을 추천해 주는 점원 역할도 해냅니다. 오프라인에서 가능했던 경험을 온라인에서 구현해 낸 것이죠. 참, 와비파커는 2015년 애플을 제치고 Fast Company 선정 혁신 기업에도 이름을 올린 바 있습니다.

배송과 구독

DNVB를 소비하는 방식은 크게 두 가지, 전용몰을 통한 배송과 구독으로 나뉩니다. 때문에 대형 플랫폼에서 독자적으로 적용하기 힘든 방식을 시도할 수 있는데요. 그중 하나가 홈트라이온^{Home-try-on} 서비스입니다. 다이아몬드 반지를 판매하는 미아도나^{Mia Donna}는 4개의 반지를 7일간 무료로 체험할 수 있도록 샘플링 반지를 배송해 주는 것인데요. 기간이 지나면 샘플링 반지를 자동 회수하기 때문에 번거롭게 반납할 필요도 없습니다. 앞서 언급한 와비파커 또한 소비자가 5개의 안경테를 5일간 무료 체험한 뒤 구매하도록 장려하고 있죠. 배송이란 방식의 편리함을 통해 교환 및 반품의 위험성을 줄인 것입니다.

해외에서는 정기 구독 서비스를 활용하는 이들도 늘고 있습니다. 그리고 전혀 구독이 어울리지 않던 분야에 접목해, 성공 가도를 달리는 DNVB가 늘고 있습니다. 예컨대 달러 쉐이브 클럽^{Dollar Shave Club}은 값싸고 가벼운 포장의 면도날을 취급하는데, 2011년에는 한 달에 1달러만 내면 새 면도날을 집 앞으로 보내 주는 서비스를 시행했습니다. 그리고 10년이 채 지나지 않은 지금, 달러 쉐이브 클럽의 회원은 400만 명에 달합니다.

브랜드 메시지

소비자가 기꺼이 지갑을 열 만큼 호소력 있는 메시지도 중요합니다. 할리우드 배우 레오나르도 디카프리오의 신발로 유명한 올버즈^{Allbirds}는 양모와 사탕수수 등에서 추출한 천연 원료와 재활용품으로 제품을 제작합니다. 슬로건 중 하나가 "Our Sheep Live The Good Life"일 정도로 동물과 환경에 큰 가치를 두고 있죠. 눈여겨 볼 부분은 바로 패키지인데요. 재생 골판지로 만든 포장지는 100% 재활용이 가능합니다. 또 신발장 대용으로 사용할 수 있도록 배송 상자와 신발 상자를 하나로 묶어 디자인했죠. 소비자와 닿는 마지막 접점 '라스트 핏 이코노미'^{Last fit economy}* 이념을 잘 보여 주는 부분입니다. 소비자에게 신발이라는 재화를 넘어 환경을 위해 공헌했다는 자부심과 뿌듯함을 선사하도록 말이죠.

* 마지막 순간의 만족을 최적화

성공하는 DNVB 마케팅을 위한 전술

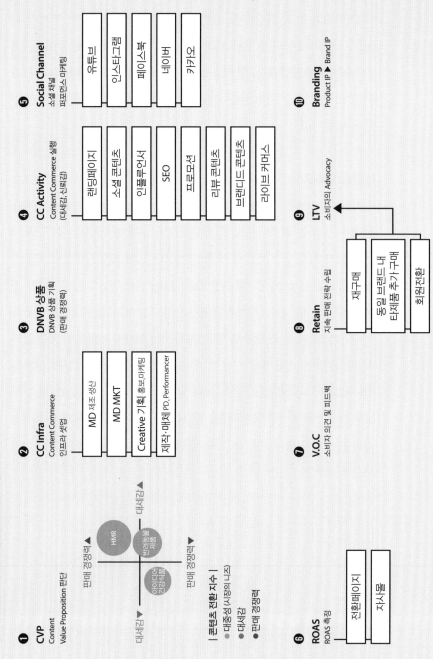

①
CVP
Content
Value Proposition 판단

판매 경쟁력 ▲

대세감 ▲

HMR

반려동물 제품

아이디어 건강식품

대세감 ▲

판매 경쟁력 ▶

| 콘텐츠 전환 지수 |
● 대중성 (시장의 니즈)
● 대세감
● 판매 경쟁력

②
CC Infra
Content Commerce
인프라 셋업

MD 제조 생산

MD MKT

Creative 기획 홍보·마케팅

제작·매치 PD, Performancer

③
DNVB 상품
DNVB 상품 기획
(판매 경쟁력)

④
CC Activity
Content Commerce 실행
(대세감 신뢰감)

랜딩페이지

소셜 콘텐츠

인플루언서

SEO

프로모션

리뷰 콘텐츠

브랜디드 콘텐츠

라이브 커머스

⑤
Social Channel
소셜 채널
퍼포먼스 마케팅

유튜브

인스타그램

페이스북

네이버

카카오

⑥
ROAS
ROAS 측정

전환페이지

자사몰

⑦
V.O.C
소비자 의견 및 피드백

⑧
Retain
지속 판매 전략 수립

재구매

동일 브랜드 내 타제품 추가구매

회원전환

⑨
LTV
소비자의 Advocacy

⑩
Branding
Product IP ▶ Brand IP

DNVB는 어떤 모습을 해야 할까

신생 브랜드의 출현으로 시장을 장악했던 대형 브랜드도 변화를 꾀하고 있습니다. 하지만 대부분은 과거 사업 구조를 고스란히 디지털 플랫폼으로 가져오는 데 그치고 있죠. 유통의 변화를 인지하지 못한 운영 방식과 뉴미디어 채널에 맞지 않는 전략은 한계에 맞닥뜨리기 마련입니다. 그러니 먼저 DNVB가 탄생할 수 있는 판과 직영몰을 구축해야 합니다. 여기서 말하는 직영몰은 그저 브랜드의 이름을 전면에 내세운 딜Deal 커머스형 플랫폼이 아닙니다. 소비자가 제품을 인지할 만한 디스커버리형Discovery 콘텐츠가 있고, 이를 통해 소통과 공유가 일어나는 커뮤니티가 생성되어야 합니다. 두 가지 요소가 활성화될수록 대세감이 형성될 것이고, 이는 소비자가 방문하는 오브젝티브Objective로 이어지게 되겠죠. 소셜 미디어에서 1인 판매자로 머물렀던 마이크로 인플루언서를 입점시켜 시너지 효과도 낼 수 있을 것입니다. 더에스엠씨그룹은 최근 소비재 시장 전반에 걸쳐 다양한 분야의 직영몰을 열어 해당 전략을 실행 중인데요. 추후 다른 카테고리에 특화된 직영몰을 추가 개설할 계획입니다. 그간 전통 플랫폼이 확보했던 방문, 반응, 구매 등의 데이터를 자체적으로 분석하고 그 결괏값에 따라 즉각적인 대안을 적용한다면? 신제품 론칭이 훨씬 쉽고 빠르게 실현될 것입니다.

DNVB의 성공적 론칭을 위한 4단계

앞서 DNVB를 '디지털 플랫폼'에서 탄생한 브랜드라고 정의했는데요. 실전에서는 이를 '랜딩 페이지'로 축소해도 무관합니다. 자체 랜딩 페이지를 구축했다면 DNVB를 위한 필요충분조건을 갖추었다는 의미입니다. 하지만 흙을 빚었다고 도자기가 완성되는 것은 아니죠. 예쁜 그림을 그리고 유약을 발라 고온의 가마실에서 단단히 굳히는 과정을 거칠 차례입니다. 첫째, 제품 카테고리가 시장에서 어디에 위치하는지를 CVP로 파악하세요. 소비자의 수요, 대세감, 가격 등을 종합해 콘텐츠 전환 지수를 계산하는 것입니다. 둘째, CVP를 바탕으로 판매 경쟁력을 갖춘 제품을 기획하세요. 그리고 셋째, 알리세요. 인플루언서, 소셜 미디어, 프로모션 등을 활용해 전환용 콘텐츠를 만들고, 제품의 신뢰도와 대세감을 높이는 데 집중합니다. 일정 이상의 고객을 확보한 뒤에는 넷째, ROAS$^{Return On Ad Spend}$*를 측정합니다. 재구매, 추가 라인업 제품 구매 등 판매율을 지속적으로 높이기 위해 총력을 다해야 하죠. 일련의 단계가 제대로 작동하면, 브랜드의 로열 오디언스가 구축되며 안정 단계에 접어듭니다. 우리는 이 전술을 바탕으로 30여 개의 DNVB를 성공적으로 론칭했습니다. 이제 구체적인 이야기를 나눠 볼까요?

DNVB 마케팅

보고쿡^{bogocook}

새로운 브랜드가 침투하기엔 시장은 이미 포화상태입니다. 그러므로

---

* 광고비 대비 매출액, 광고 효율을 점검하는 기본적인 지표 중 하나

소비자가 택하는 DNVB를 만들려면, 타깃의 가치관과 소비 형태를 고려해 차별화된 카테고리를 공략하는 편이 좋습니다. 그리고 그 카테고리는 먹거나, 바르거나, 입는 것처럼 상대적으로 구매 빈도가 높아야 합니다. 제아무리 독특한 제품이라도 소비자의 관심에서 빠르게 사라지는 일회성 제품은 로열 오디언스를 구축할 수 없기 때문이죠. 보고쿡^bogocook 미역국수를 예로 들어 볼게요. 미역국수는 대중성은 낮지만, 차별성을 갖는 제품입니다. 밀가루 면에 가루 형태의 미역을 첨가한 제품이 아닌 오직 미역 그 자체를 특허 공법으로 만들어 낸 건강식이면서 1팩(180g) 기준 19kcal로 당류나 트랜스지방, 화학 조미료가 가미되지 않은 다이어트식이죠. 사실 시장에는 이미 저칼로리에 건강한 원료를 기반으로 한 경쟁재가 많습니다. 미역국수는 '맛있고 간편

보고쿡 미역국수

하다'는 것에 초점을 두었죠. 커머스 콘텐츠 또한 다양한 레시피와 편리한 조리 과정을 중심으로 발행되었습니다.

그 결과, 해당 제품은 2021년 4월 네이버 쇼핑 검색 국수 카테고리 1위 및 인기 검색어 상위권에 등극합니다. 인기 예능 프로그램 MBC 〈나 혼자 산다〉 출연자 박나래가 다이어트를 위해 실제로 섭취하는 제품임이 알려지면서인데요. 같은 달 메가 인플루언서인 유튜버 〈일주어터〉의 '미역 다이어트' 편에도 제품이 노출되며 또 한 번의 파장을 일으킵니다. 다이어트를 하는 이들에게 닭가슴살, 곤약 젤리를 대체할 만한 키워드를 제공한 셈이죠. 기존에 존재하던 시장에 침투하는 것이 아닌, '시장을 만들어 파는' 커머스를 구현한 미역국수. 그 성공은 단순히 품질을 높이거나 가격을 낮춰서가 아닙니다. 기존과 다른 제품이기 때문이죠.

피피픽^{PPPICK}

DNVB는 시장 내 신규 브랜드입니다. 때문에 자신이 어떤 브랜드이고, 왜 나를 구매해야 하는지를 보여 주는 것이중요합니다. 그걸 가장 쉽게 담을 수 있는 곳이 초기 랜딩 페이지인데요. 반려동물 간식 브랜드 피피픽^{PPPICK}의 경우, 기능성 간식인 '덴탈브레드' 제품의 랜딩페이지 도입부에서 흥미를 유발하기 위해 "반려견과 잘 지내다가도 멀어지는 순간은? 양치할 때."라는 화두를 던집니다. 반려견을 기르는 견주가 타깃이라는 점을 밝히고, 그들의 라이프 스타일에 필요한 제품이라는 점을 환기시켜 주는 것이죠. 그리고 소비자가 안고 있는 고민과 소구점을 스토리텔링으로 풀어냅니다. 딱딱한 껌을 잘못 먹으면 반려견의 구강 건강에 악영향을 줄 수 있지만, 덴탈브레드는 부드럽고 푹신한 공기층이 있어 반려견의 구강에 무리가 가지 않는다는 식으로요. 대중성이 낮은 카테고리인 만큼, 하단에는 제품별 선택 기준과 상세 정보를 제공합니다. 현재 피피픽은 브랜드 정체성을 확고히 하는 데 성공, 타깃 고객을 확보한 상태입니다.

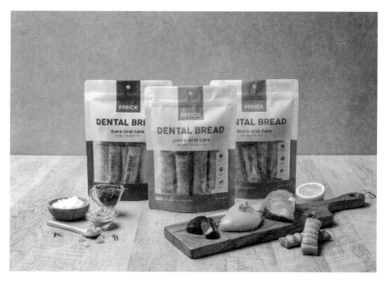

피피픽 덴탈브레드

D2C 직영몰

2019년 11월 글로벌 스포츠 기업 나이키가 거대 유통사 아마존으로부터 독립을 선언했습니다. '스포츠 용품이 아니라 스포츠 정신을 팔겠다'라는 정신을, 자체 구축한 플랫폼에서 구현하겠다는 포부였는데요. 이를 증명하듯 모바일 앱 '나이키 플러스 멤버십'을 유료로 개편, 맞춤형 큐레이션 서비스를 강화해 갔습니다. 그로부터 약 1년 뒤 나이키의 매출은 9%가량 늘어난 112억 달러(한화 약 12조원)을 기록했습니다. 온라인 판매는 84%가 급증, 나이키 플러스 멤버십을 통한 매출도 훌쩍 뛰었습니다. 최근 많은 오프라인 점포가 폐쇄했고, 전체 소비 동향이 감소한 걸 고려한다면 괄목할 만한 성장이죠. 비단 나이키만의 이야기가 아닙니다. 전통 패션 기업부터 뷰티·식품 등 다양한 업계가 직영몰을 보강하고, 모바일 플랫폼을 론칭하는 데 힘을 쏟고 있습니다. 여기서 아주 간단한 명제가 읽힙니다. 이제 D2C^{Direct to Consumer}*의 시대가 왔다는 것입니다.

유통 채널에 종속됐던 브랜드

기존 시장에서 제조사가 소비자에게 제품을 판매하기 위해서는 많은 이들의 손을 거쳤습니다. 적게는 10%에서 많게는 30% 이상의 수수료를 내고 백화점 등 오프라인에서 매장을 열거나, 홈쇼핑에 진출

---

* 제조사가 유통 단계를 거치지 않고 별도의 온라인 채널에서 소비자에게 직거래로 판매하는 방식

해야 했죠. 오프라인에서 온라인으로 판매 채널의 무게가 옮겨지면서 오픈마켓이라는 방안이 생겼지만, 이 역시 수수료의 부담에서 자유롭지 못했습니다. 판매가를 결정하면서 불협화음이 발생하고, 오히려 별도의 광고비를 지불해야 하는 경우가 다반사였죠. 제조사가 유통 채널의 트래픽에 의존할수록 "하청 업체로 전락하는 게 아니냐"는 우려의 목소리도 커졌습니다. 유통사가 PB 제품을 내놓으면서는 제조사의 정체성이 위협받는 듯했고, 무엇보다 구매 데이터 확보가 어렵다는 점이 치명적이었습니다. 소비자가 어떤 검색어로 우리 제품에 유입되는지, 랜딩 페이지에서 몇 명이 이탈하는지를 알 수 없으니 고객 프로필을 정리할 수도 없었습니다. 자연히 어느 채널에 어떤 콘텐츠를 내보내고 얼마만큼의 광고를 태워야 하는지도 확실치 않았죠.

직영몰로 자체 경쟁력을 강화하다

"유통 채널이 가둔 판매자의 역할에서 나와 자체적인 경쟁력을 갖추자." 대형 기업들이 앞다투어 직영몰 구축에 열을 올린 이유가 여기 있습니다. 이들은 오픈마켓의 '총알 배송'과 '초특가 할인'에 기대는 대신, 직영몰 회원을 중심으로 제품을 기획하고 스토리를 접목하는 차별화 전략을 세웠습니다. 신세계 인터내셔날의 경우 에스아이빌리지 S.I.VILLAGE에서 명품 브랜드를 판매하며 프리미엄화를 노리고 있고, CJ제일제당 식품전문몰 'CJ더마켓'은 유료 회원 멤버십을 통해 할인과 무료 배송 서비스를 제공하고 있습니다. 까르띠에, 에르메스 등 럭셔리 브랜드도 직영몰을 론칭, CCTV와 경보기가 달린 운송 수단으로 특급

배송을 보장하고 있죠. 물론 그 속에서 일부는 순항 중이지만, 일부는 삐끗했습니다. 직영몰에서 판매되는 제품은 여전히 오프라인, 홈쇼핑, 오픈마켓에서 유통되고 있기 때문인데. 즉, 소비자가 다른 채널이 아니라 직영몰에서 제품을 구매하게 할 전략이 부족했던 것입니다.

직영몰 운영의 장점 네 가지

소비자 접점

D2C의 C는 Customer(고객)가 아닌 Consumer(소비자)입니다. 언뜻 비슷해 보이지만, 전자가 제품의 구매자를 일컫는다면 후자는 제품을 사용하거나 사용할 모든 이를 아우른다는 차이점이 있습니다. 직영몰은 바로 이 소비자와의 접점을 늘리고, 고객을 확보하는 발판이 됩니다. 왜일까요? 직영몰을 방문하는 이들의 목적은 단순히 구매만이 아닙니다. 경쟁사 고객이지만 비교군을 찾는 A씨, 구매 경험은 없지만 제품을 좋아하는 B씨, 선물 받은 제품을 탐색하려는 C씨 등 저마다 이유가 다양하죠. 모두 다른 이유로 사이트 링크를 클릭했지만, 사실 공통점이 하나 있습니다. 바로, 브랜드를 알아볼 만큼 관심이 있다는 것이죠. 직영몰은 제품이 가진 매력을 어필할 수 있는 최적의 장소입니다.

데이터 관리

직영몰에서는 다른 채널에서 판매할 땐 알 수 없었던 정보를 수급하고 분석할 수 있습니다. 소비자의 제품 관심도와 주목도를 비롯해 재

구매율, 이탈률 등의 정보를 파악해 효율적인 회원 관리가 가능하죠. 이는 효과적인 마케팅 전략을 수립하고 광고를 집행하는 데 필요한 데이터베이스가 되며, 소비자 UBS^User Buying Story와 UPS^User Problem Solving를 접목한 랜딩 페이지나 후기 페이지를 구축할 수도 있습니다.

로열 오디언스

오픈마켓에서 소비자는 제품 가격에 따라 구매를 결정하는 경우가 많습니다. 검색란에 필요한 제품군을 입력하고, '낮은 가격순' 또는 '할인율순'으로 상품을 배열하죠. 같은 브랜드를 구매한다고 해서 얻는 이익이 없기 때문에 매번 다른 선택을 할 가능성이 큽니다. 반면에 한 번 직영몰에 유입된 소비자는 해당 브랜드를 꾸준히 이용합니다. 최근 많은 식품 브랜드가 직영몰에서 진행 중인 유료 멤버십 서비스가 그 예인데요. 일정 금액의 회비를 내면 오직 멤버십 회원에게만 가능한 혜택을 제공합니다. 회원이 입력한 정보에 따라 제품을 추천해 주고 정기 배송을 제안하면서 일대일 신뢰 관계를 형성하고 있죠. 브랜드에게 회원은 그저 소비자가 아닙니다. 브랜드를 애정하고, 신뢰하며, 구매하는 사용자 로열 오디언스죠.

가격 경쟁력

제조사가 직접 가격을 설정한다는 점도 장점입니다. 불필요한 유통 마진이 줄어 가격 경쟁력에서 우위를 점할 수 있거든요. 유통 채널과 조율하지 않고 최적의 시기에 세일을 진행할 수도 있고요. 시각을 달리해 볼까요? 기존에 인건비와 수수료로 부담했던 몫을 마케팅에 할당해 신규 유입을 늘리거나, 제품 퀄리티를 높일 수 있습니다. 비싼 브랜드 일색이었던 기능성 의류 시장에서 매년 100% 이상의 성장율을 보이는 국산 속옷 브랜드 '단색'DANSAEK이 대표적인 예입니다. 단색은 100% 자체 제작을 진행, 95% 이상의 판매가 D2C 직영몰에서 이루어지고 있는데요. 차별화된 품질로 빠르게 인지도를 확보했고, 최근에는 레깅스, 주니어 속옷까지 아이템을 확장 중입니다. 교환, 환불 등을 전담하는 AS 인력을 충원해 회원과 사후 관리를 보강하거나 연구 및 개발 단계에 투자해 신제품 론칭을 가속한다면, 자사 제품만 판매해 구성이 단조로워지는 문제도 개선할 수 있습니다.

D2C 멀티 플랫폼

그렇다면 직영몰을 성공적으로 운영하기 위해서는 어떤 전략을 따라야 할까요. 가장 먼저 고려해야 할 것은 신제품 위주의 탑라인Top-line 증대입니다. 새로운 제품DNVB 및 서비스를 성공적으로 출시한 뒤, 이를 소비자에게 효과적으로 전달해 매출을 증대하는 과정을 아우릅니다. 여기서 '효과적으로 전달'은 랜딩 페이지 제작부터 프로모션 기획 등의 마케팅을 뜻합니다.

직영몰 운영 전략을 기계의 작동으로 비유하자면, 앞선 과정은 조립입니다. 기계가 돌아가려면 동력을 주입해야 하죠. 여기서 그 역할을 하는 것이 소셜 미디어 전환형 콘텐츠입니다. 전환형 콘텐츠란 구매로의 전환이 가능한 장치가 삽입된 콘텐츠인데요. 페이스북 타임라인을 내리다 보면 나오는, 판매 사이트 링크를 삽입한 20초 이내의 광고 영상이 그 예입니다. 더에스엠씨그룹은 전환형 콘텐츠를 먼저 집행하는, 다시 말해 철저한 바텀업Bottom-up을 따르고 있습니다. 일반적으로 브랜드의 마케팅은 TV CF 등 큰 규모를 '머리'로 내세우는 탑다운Top-down을 따랐는데요. 때문에 소셜 미디어 전환형 콘텐츠는 앞선 방식을 따르는 '꼬리'에 불과했습니다.

하지만 바텀업은 비교적 작은 소셜 미디어 콘텐츠를 기점으로 한 이슈화를 꾀합니다. 우리는 이걸 '모래-자갈-바위 전략'이라 부르는데요. 갈수록 입자가 크고 밀도가 단단해지는 것처럼, 콘텐츠의 규모를 점진적으로 넓혀 간다고 이해하면 쉽습니다. 모래는 브랜드의 대세감을 일으키는Empower 소셜 미디어 콘텐츠를 의미합니다. 콘텐츠의 규모는 작더라도, 그 수가 많아지면 소비자 사이에서는 '이게 요즘 유행이구나'라는 인식이 형성됩니다. 그 후에 소비자가 떠들고 공유할 만한 커뮤니티를 형성하는 것이죠. 이 접점^{Connect}은 자갈형 콘텐츠가 수행합니다. 주로 소셜 미디어 인플루언서의 보이스를 빌리거나 PPL을 활용하고는 합니다. 마지막 바위형 콘텐츠에서는 울림^{Inspire}을 줍니다. 그리고 앞선 단계에서 검증된 메시지를 TV나 디지털 광고에서 스토리로 풀어냅니다.

이론으로만 접근하니 복잡해 보이는데요. 자사 구강 케어 브랜드 굿티^{GOODTEE}의 구강세정기를 예로 설명해 보겠습니다. 우리는 먼저 소비자가 반응할 만한 키워드를 선정해 수백 편의 영상과 이미지를 제작, 소셜 미디어 채널에 지속해서 노출했습니다. 몇 차례의 실험을 통해 소비자가 반응하는 키워드가 '편의성'과 '자기 관리'라는 걸 확인했습니다. 그중 구매 전환율이 높은 키워드를 적용한 콘텐츠를 추가 제작해 퍼포먼스를 확인하는 과정을 반복했고요. 이 단계까지 오면 소셜 미디어 이용자 중 다수에는 구강세정기에 대한 인지와 굿티의 마인드셰어가 높아진 상태입니다. 바로 그때 키워드와 핵심 타깃에 적합한 보이스를 빌려 대세감을 다집니다. 우리가 KBS Joy 생활정보 예능 프로그램 〈셀럽뷰티 3〉 배우 이시영과 가수 딘딘을 통해 제품을 노출한 것처럼 말이죠. 그럼 이 장면은 방송에 노출되는 그 시점에만 유의미할까요? 당연히 아닙니다. 수십 더 나아가 수백 개의 2차 콘텐츠로 확산될 수 있거든요. '딘딘의 생생한 사용기', '이시영의 자기 관리 비결' 등 새로운 키워드를 적용해 광고를 집행하거나 랜딩 페이지에 삽입할 수 있습니다.

신규 소비자의 유입이 늘었다면, 이들을 고객 더 나아가 로열 오디언스로 전환해 탄탄한 구매층을 확보해야 합니다. 이 단계가 바로

144

CRM$^{\text{Customer Relationship Management, 고객 관계 관리}}$과 CEM$^{\text{Customer Experience Management, 고}}$ 객 경험 관리입니다. 직영몰은 두 가지 관리를 수행하기에 최적화된 공간 입니다. 고객 데이터가 충분하기 때문에 실적을 분석하거나 가설을 검증할 수 있기 때문이죠. 얼핏 복잡하지만, 사실 그렇지 않습니다. 재 구매율이나 구독 서비스 가입 외에도 리뷰 작성, 콘텐츠 공유, 이벤트 인게이지먼트 등 다방면에서 검토할 수 있는 부분이거든요. 앞선 모 든 전략이 그랬듯 이 역시 순환입니다. 소비자가 어디서 반응하는지 를 알아내고 그걸 적용하는 것을 계속해서 반복하는 것이죠.

미래를 여는 플랫폼

더에스엠씨그룹은 자사 커머스 브랜드에서 얻은 노하우를 바탕으로 다양한 분야의 브랜드 D2C 직영몰을 구축하고 운영하고 있습니다. 이 초석은 곧 〈D2C 멀티 플랫폼〉으로 발전해 가고 있는데요. 우리가 말 하는 〈D2C 멀티 플랫폼〉은 세 가지 가능성에서 살펴볼 수 있습니다.

미디어 커머스

첫째는 자사 브랜드를 한데 모은 미디어 커머스 플랫폼입니다. 앞서 언급한 굿티, 보고쿡, 피피픽은 각기 다른 제품을 취급하는 브랜드이 지만, 카테고리 별로 다양한 콘텐츠를 공유할 수 있습니다. 이미 각각 의 직영몰이 제대로 작동하고 있는데, 미디어 커머스 플랫폼이 왜 필 요하냐고요? 소비자를 브랜드에 접속하게 해야 하기 때문입니다. 브 랜드에 대한 경험이 전무하거나 약한 소비자의 친밀도나 관여도를 높이기 위해서는 제품을 계속해서 구매하도록 유도해야 합니다. 그러려면 이들이 제품을 발견(Discovery) 또는 필요(Objective)로 하거나 합리적이라고(Deal) 받아들여야 합니다. 이 간극을 브랜드 미디어 내 콘텐츠가 메웁니다. 콘텐츠를 통해 브랜드 미디어에 접속한 소비자는 구매자 이상의 가치를 지닙니다. 브랜드와 함께 시장을 만드는 일원이 되는 것이죠.

M2C

두 번째는 M2C^{Manufacturer to Consumer}, 제조사와 소비자를 잇는 몰인몰^{Mall-In-Mall}입니다. 제품을 사입하는 브랜드나 유통사의 힘을 빌리지 않고, 제조사가 직접 소비자에게 제품을 판매할 수 있도록 하는 것인데요. 원가 절감뿐 아니라, 원물에 대한 이해도와 제조 과정의 컨트롤이 가능하기 때문에 훨씬 풍부한 정보 교류가 가능해집니다. 소비자 입장에서는 신뢰도가 올라가고, 제조사는 소비자의 리얼 보이스를 즉각적으로 들을 수 있습니다. 가령, 정식 출시 전 프리오더나 펀딩 등의 제도를 도입, 시장 조사와 사전 판매를 함께 진행하는 것이죠. 품절이나 재입고 등에 대한 업데이트가 즉각적으로 이루어지니 거래 과정에서의 효율성도 높아지게 됩니다.

I2C

세 번째는 인플루언서와 소비자를 잇는 I2C^{Influencer to Consumer}입니다. 지금 소비자에게 인플루언서란 '공구'(공동 구매)라는 이름으로 정립된 구매 채널이 되었습니다. 인플루언서는 선망받는 라이프 스타일과 캐릭터적 매력을 등에 업고 엄청난 바잉 파워를 보유하고 있는데요. 특가나 한정판 등에 의존하던 양상은 과거가 되고, 인플루언서가 직접 제품의 기획 및 제작에 참여하면서 전문성을 넓혀 가고 있습니다. 이 인플루언서가 하나의 세포 마켓으로 기능하는 시스템이 생긴다면? 인스타그램에서 별도의 랜딩 페이지에 접속할 필요가 없어지니, 훨씬 더 빠르고 편한 결제가 가능해지겠죠. 적립금이나 회원 등급 등 다양한 혜택도 함께 누릴 수 있을 테고요. 이 같은 방식이 자리 잡으면, 인플루언서가 아닌 개인도 생산자가 되는 거대한 세포 마켓이 형성될지 모릅니다.

현존하는 시장에서 제품 및 서비스를 판매하는 미시 마케팅이라면, 미래 시장을 선도하는 건 판매를 위해 시장을 개척하는 거시 마케팅입니다. 생산자와 소비자가 함께 시장을 만드는 곳, 〈D2C 멀티 플랫폼〉에 대한 이야기였습니다.

D2C 멀티플랫폼

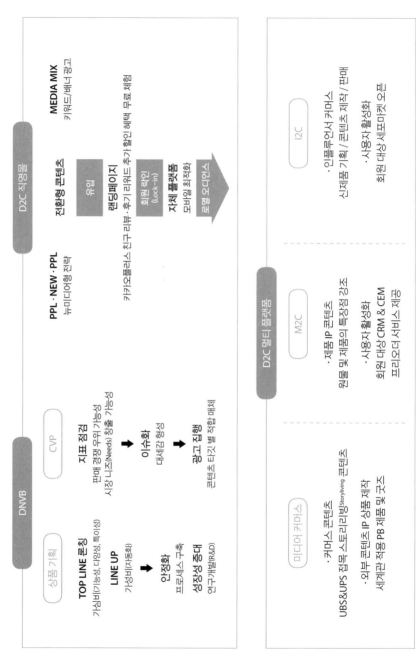

DNVB

상품 기획
- **TOP LINE 론칭**
  가성비(기능성, 특이성)
- **LINE UP**
  가성비(자동화)
- 안정화
  프로세스 구축
- 성장성 증대
  연구개발(R&D)

CVP
- **지표 점검**
  판매 경쟁 우위 가능성
  시장 니즈(Needs) 창출 가능성
  ➡
- **이슈화**
  매체감 형성
  ➡
- **광고 집행**
  콘텐츠 타깃 별 적용 매체

PPL · NEW · PPL
뉴미디어형 전략

카카오플러스 친구 리뷰 · 후기 리워드 추가 · 할인 혜택 무료 체험

D2C 직영몰

MEDIA MIX
키워드/배너광고

전환형 콘텐츠
| 유입 |
랜딩페이지

회원 락인
(Lock-in)

자체 플랫폼
모바일 최적화

➡ 모물 오디언스

D2C 멀티플랫폼

미디어 커머스
- **커머스 콘텐츠**
  UBS&UPS 접목 스토리리빙Storyliving 콘텐츠
- 외부 콘텐츠 IP 상품 제작
  세계관 적용 PB 제품 및 굿즈

M2C
- **제품 IP 콘텐츠**
  원물 및 제품의 특장점 강조
- 사용자 활성화
  회원 대상 CRM & CEM
  프리오더 서비스 제공

I2C
- **인플루언서 커머스**
  신제품 기획 / 콘텐츠 제작 / 판매
- 사용자 활성화
  회원 대상 세포마켓 오픈

03

Mobile Commerce
모바일 커머스

앱 최적화, 디지털라이제이션

여기 세 명의 스타벅스 고객이 있습니다

> 드라이브스루에 도착한 A씨, 지갑을 찾느라 분주한 다른 운전자와 달리 정차 없이 커피를 받아 갑니다. 차량 번호를 등록해 출발 전 자동 결제 서비스를 신청한 덕이죠.
>
> B씨는 홈파티 전 스타벅스 커피를 배달 주문합니다. 등록된 스타벅스 카드로 결제해 별 적립 혜택도 챙겼죠.
>
> 기념일을 앞둔 C씨는 여자친구가 좋아하는 치즈 케이크를 찾느라 매장을 뒤질 필요가 없습니다. 이틀 전 홀케이크 예약을 끝내 픽업만이 남았거든요.

잠깐, 나도 매일 스타벅스에 출근 도장을 찍는데 이런 혜택은 받은 적이 없다고요? 그렇다면 정정하겠습니다. 여기 세 명의 스타벅스 모바일 앱 사용자가 있다고요. 발 디딜 틈 없이 복작이던 수백 평 위 진열대가 손톱만 한 아이콘에 들어오고, 24시간 매장을 밝히고 거리를 비추던 조명이 스마트폰 화면으로 옮겨 왔습니다. 혹자는 바이러스의 역설 또는 혁신이라 칭하지만, 디지털라이제이션은 사회 전반에 필연적인 흐름이었습니다. 단지 가속화되었을 뿐이죠.

스타벅스는 일찍이 변화에 대비했습니다. 2014년 업계 최초로 사이렌 오더를 선보였고, 2019년에는 비회원도 모바일 주문을 할 수 있도록 모바일 편의성을 강화했습니다. 스타벅스 측에 따르면 앱을 통한 온라인 오더 도입 후 매상이 20%가량 증가했다고 합니다. 성장세도 매년 높아지고 있는데요. 앱 사용자에게서 발생하는 데이터를 스타벅스가 자체 처리하고 분석함으로써 고객 데이터 수집과 활용이 가능해졌기 때문입니다.

반면 상류의 움직임 앞에서 그야말로 대기하던 일부 기업의 발에는 불똥이 떨어졌습니다. 앱 경제라는 것이 10여 년 전만 해도 존재하지 않던 시장이니, 어쨌거나 근간은 오프라인이라 여겼던 거죠. 웹 페이지를 그대로 옮겨 온 듯한 UI^User Interface, 제품 카탈로그 이상의 역할을 수행하지 못하는 UX^User Experience. 실패한 디지털라이제이션은 사용자의 외면을 받았습니다. 결국 소비자의 이탈로 이어질지도 모르죠.

고민은 분명하고 해결 방안은 확실합니다. '팔기 위한' 커머스이니 어떻게 해야 '잘 팔 것인지'에 대해 생각해야 합니다. 커머스의 지향점을 논하기 앞서 현황을 짚어 보았습니다. 커머스 플랫폼을 규모와 성격에 따라 세 가지로 나누고, 여기서 얻을 수 있는 인사이트는 무엇인지 살펴보겠습니다.

브랜드 전용 앱

브랜드 앱 사용자는 해당 브랜드의 로열 오디언스가 될 가능성이 큽니다. 수백 개의 경쟁사 대신 해당 브랜드의 앱을 설치했다는 건 (1) 정기적 구매, (2) 브랜드 우호라는 조건을 충족했다는 의미니까요. 어찌 보면 좀 더 수고스러운 방식을 택한 셈이니, 그에 맞는 특별 대우가 필요합니다. 앞서 언급한 스타벅스가 그랬듯 앱 전용(Exclusive)의 무언가가 있어야 한다는 것이죠.

나이키는 2019년 세계 최대 쇼핑몰인 아마존에 납품을 중단한 뒤 자체 앱 'SNKRS'을 D2C 채널로 구축했습니다. 나이키 제품을 사고 싶다면 나이키 채널에서 사도록 길을 낸 것인데요. 해당 앱은 제품 판매 및 정보 제공뿐 아니라 한정판 출시를 예고하는 등 독점 서비스를 강화하고 있습니다.

단일 브랜드로선 이례적으로 앱 다운로드 상위권을 지키고 있는 ZARA. 앱에서 한 번도 안 산 사람은 있어도 한 번만 산 사람은 없다는 우스갯소리가 괜히 나온 게 아닙니다. ZARA를 사용하다 보면, 디지털 플랫폼 중심 기업으로 근본적인 변신을 꾀했다는 것이 보입니다. 온라인 전용 상품을 판매하는 데다 오프라인 정기 세일 하루 전 온라인 세일을 오픈하죠. 특히 앱의 편의성은 웹을 월등히 뛰어넘습니다. 사용자가 직접 상품 배열 및 크기 정도를 스와이프로 조절하고, 스마트폰 카메라로 바코드를 인식해 구매에 필요한 정보를 수집할 수 있죠.

버티컬 커머스 앱

단일 브랜드가 앱을 D2C 채널로 양성하는 현상은 제조사에서 유통 사로 영역을 확장하고 있다는 의미로 읽힙니다. 이는 특정 카테고리의 유통 채널인 버티컬 커머스의 성격과 맞닿아 있습니다. 우리가 아는 버티컬 커머스는 소셜 미디어의 성장에 힘입어 온라인을 기반으로 탄생했습니다. 패션 카테고리의 '무신사', '지그재그', '스타일쉐어'나 인테리어 카테고리의 '오늘의집'이 대표적인 예죠. 반대로 오프라인과의 연계성을 강화해 새로운 영역을 구축한 사례도 있습니다. 유명 베이커리나 레스토랑의 제품을 독점 소싱해 프리미엄화를 선두한 '마켓컬리'나, 인근 매장 재고 확인 서비스와 전자 영수증 발행으로 공격적인 디지털라이제이션을 진행한 '올리브영'처럼요.

　이들은 제품을 직접 사고파는 몰Mall이라기보다는, 판매처를 한곳에 모아 놓고 고객의 취향에 맞는 제품을 큐레이션하는 플랫폼입니다. 구매 기록, 활동, 취향 등 수집된 고객 데이터를 바탕으로 초개인화된 경험을 제공하는 데 주력하죠. 일례로 오늘의집은 사용자가 입력한 주거 형태와 인테리어 취향에 따라 추천 제품을 노출합니다. 10평대 오피스텔에 거주하는 Z세대 여성과 40평대 아파트에서 자녀와 함께 사는 밀레니얼 세대 남성의 홈 화면을 다르게 배치한다는 것이죠.

　커뮤니티로서의 기능도 돋보입니다. 이들은 사용자가 소통할 만한 판을 만들어 특정한 목적 없이도 앱 방문을 유도합니다. 오늘의집은 인테리어 시공을 스토리텔링 형식으로 풀어낸 '온라인 집들이'를, 무신사는 패션 트렌드를 공유하는 갤러리를 운영합니다. 이렇게 커뮤니티가 지어지면 사용자는 딱히 살 게 없어도 습관처럼 앱을 들락날락하게 됩니다. 자연히 인당 체류 시간과 페이지 뷰가 늘어나겠죠. 관건은 콘텐츠 시청자를 어떻게 고객으로 전환하느냐입니다. 콘텐츠 하단에 구매 페이지를 연동하고, 이미지 내 상품 정보를 태깅하는 이유가 여기 있습니다. 구매 유도 장치를 플랫폼 곳곳에 깔아 두는 것이죠.

뷰티 카테고리의 올리브영이나 식품 카테고리의 마켓컬리의 경우 커뮤니티 성격이 낮은 대신, UGC 창출을 적극적으로 독려하고 활용합니다. 올리브영은 제품 리뷰 작성자에게 그에 상응하는 리워드를 제공하는데요. 이를 포장 상태, 유통 기한, 맛 등으로 도식화해 랜딩 페이지에 활용합니다. 마켓컬리는 '후기가 좋은 상품'란을 따로 구성해 도움될 만한 리뷰를 최전방에 노출하는데요. 실구매자의 진정성 있는 이야기로 홍보 문구 이상의 구매 유발 효과를 노리는 부분입니다.

퍼블릭 커머스 앱

퍼블릭 커머스는 규모의 경제입니다. 소비재 시장 전반을 아우르는 SKU^{Stock Keeping Units, 재고 관리}와 높은 탐색력으로 승부합니다. 사용자 대부분이 명확한 목적을 갖고 방문하기 때문에 이에 대한 솔루션을 제공하는 데 최적화된 구조죠. 최저가 검색, 제휴 혜택, 프로모션, 자체 페이 연동 등 사용자가 가장 빠른 시간 내에 합리적인 구매를 하도록 돕습니다.

이들의 강점은 플랫폼 내 구매 루틴을 형성했다는 데 있습니다. 공급자 입장에서 본다면, 고객 락인^{Lock-in}이 확실하다는 것인데요. 그중 하나가 구독 서비스의 도입입니다. 앞서 쿠팡은 2019년부터 매달 일정 금액을 내면 로켓배송 서비스를 제공하는 '로켓와우 멤버십'을 제공하고 있다고 언급했습니다. 네이버는 2020년 6월 유료 회원제 서비스인 '네이버플러스 멤버십'을 시작했습니다. 네이버 쇼핑검색, 네이버쇼핑 윈도 등 자사 플랫폼을 통한 모든 쇼핑 영역의 결제에서 혜택을 제공하는 구독 서비스인데요. 2020년 말 가입자 수는 250만 명을 돌파하였는데, 멤버십 가입자의 쇼핑 거래액이 미가입자 대비 5배에 달하는 성과를 냈다고 합니다. (출처: 네이버 Annual Report 2020) 구매 빈도가 낮았던 사용자의 구매율이 멤버십 가입을 기점으로 활성화되고 있고요. 멤버십이 곧 네이버라는 플랫폼에 대한 사용자의 로열티를 강화하고 있는 거죠.

두 플랫폼 모두 적극적으로 멤버십의 영역과 혜택을 넓히는 중입니다. 멤버십 가입자 증가는 곧 양질의 데이터 축적을 뜻하고, 버티컬 커머스의 최대 강점인 맞춤형 큐레이션을 가능하게 합니다. 여기까지 보면 하나의 순환 곡선이 그려집니다.

퍼블릭이 버티컬의 특성을 취한다면, 버티컬은 PB 제품을 제작하며 제조사인 브랜드의 영역으로 들어옵니다. 반면 브랜드는 버티컬과 퍼블릭처럼 사용자 편의성을 높이되 다른 유통 경로를 개척하기 위해 힘쓰고 있죠. 꼬리에 꼬리를 무는 행보는 이렇게 귀결됩니다. 사용자의 본능적인 공략점(Needs)에 비집고 들어가기(Push)보다, 그들의 욕구(Wants)를 먼저 읽어 유입(Pull)을 유도하는 것이죠.

원츠에 주목하라

스마트폰이 보편화되고 소셜 미디어가 성행하기 이전의 마케팅은 훨

	EXCLUSIVE COMMERCE	VERTICAL COMMERCE	PUBLIC COMMERCE
정의	ZARA SNKRS	Z Kurly	coupang N
	브랜드 D2C 채널	특정 카테고리에 특화	소비재 시장 전반을 아우르는 규모
채널	오프라인 → 웹 → 앱	앱 (오프라인/웹과 유기적 연동)	웹 → 앱
경쟁력	브랜드 아이덴티티	제품 큐레이션	SKU, 탐색력 * Stock Keeping Units
사용자 기대효과	가치 투영	탐색과 발견	문제 해결

씬 단순했습니다. 소비자의 니즈에서 우리 브랜드를 상기하도록Top of Mind 대규모의 캠페인을 진행하거나 거대한 자본의 광고를 집행하면 됐으니까요. 커피는 ○○, 빨래엔 △△, 출출할 땐 □□. 명료하고 간단했습니다.

그러나 배고프면 우리 햄버거를 먹고, 피곤하면 우리 커피를 마시고, 놀고 싶으면 우리 놀이공원을 방문하라는 일방향적 메시지가 먹히지 않는 시대가 왔습니다. 먹거나 마시고 즐길 카테고리가 너무도 다양해졌기 때문인데요. 소비자가 이벤트 중인 프랜차이즈와 인스타그램 광고에서 본 DNVB 중 어느 선택지에 매력을 느낄지도 장담할 수 있습니다.

그래서 커머스는 원츠Wants에 주목합니다. 소비자의 UBS와 UPS를 파악해 세분화된 욕구를 파악, 그들의 선택지에 우리 브랜드를 올리는 것이죠. 나이키가 아마존에서 나와 자체 앱을 출시하고, 마켓컬리가 PB 컬리스를 내놓고, 쿠팡이 쿠팡잇츠에 박차를 가하는 것도 같은 맥락에서 이해할 수 있습니다. 모두가 노리는 니즈 대신 우리만이 충족할 수 있는 원츠를 피력하고, 이 비즈니스 모델을 마케팅을 통해 호소력 있는 콘텐츠로 보여 줍니다.

모바일 커머스 앱 – MZ세대 실태 조사

MZ세대는 버티컬 커머스 앱을 사용합니다. 지그재그에서 옷을 고르고, 올리브영에서 오늘드림으로 화장품을 주문하죠. 특정 카테고리에 특화된 버티컬 커머스 앱은 어떻게 MZ세대를 사로잡은 걸까요? 이들이 무슨 앱을 어떤 경로로, 얼마나, 왜 쓰는지를 파헤쳐 보기 위해 더에스엠씨콘텐츠연구소가 MZ세대 100명을 대상으로 버티컬 커머스 앱 사용 실태에 관한 설문조사와 인터뷰를 진행했습니다.

먼저 MZ세대 15명과의 심층 인터뷰를 통해 커머스 앱 이용 현황을 파악했습니다. 이들의 라이프스타일을 보여 주는 소비 카테고리를 쇼핑, 식품, 리빙, 여행, 뷰티 5가지로 정립했는데요. 인터뷰와 구글 플레이스토어 및 iOS 앱스토어 다운로드 순위를 바탕으로, 각 카테고리별 대표 앱을 선정했습니다.

[쇼핑 카테고리] 지그재그
[식품 카테고리] 마켓컬리
[리빙 카테고리] 오늘의집
[여행 카테고리] 야놀자
[뷰티 카테고리] 올리브영

오프라인 매장에서 출발한 [올리브영]을 제외하면 모두 온라인에서 탄생한 플랫폼이었습니다. 좀 더 자세한 연구를 위해 103명의 MZ세대(밀레니얼 전기 18.4%, 밀레니얼 후기 62.1%, Z세대 19.4%)를 대상으로 설문 조사를 진행했습니다.

버티컬 커머스 앱 이용 경로

사용자가 앱을 만나게 되는 경로는 크게 ▲디스커버리^{Discovery}와 ▲오브젝티브^{Objective} 두 가지로 구분됩니다. 전자가 광고나 지인 추천 등 우연히 앱을 발견하여 다운로드한다면, 후자는 프로모션 등 혜택이나 필요를 충족하기 위해 앱을 다운로드하는 경우죠.

온라인을 허브로 하는 [지그재그], [마켓컬리], [오늘의집], [야놀자]는 디스커버리를 통해 다운되는 비율이(평균 81.7%) 월등히 높았습니다. 반면, 오프라인 매장을 근간으로 한 [올리브영]은 오브젝티브형 사용자가 과반수였습니다(56.2%). 오프라인 구매 경험을 온라인까

버티컬 커머스 앱별 이용 경로

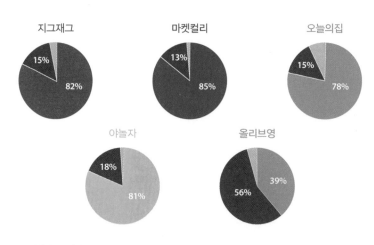

* 조사대상: MZ세대 103명

- 디스커버리형 : 지인추천, 광고, 라이브커머스 플랫폼을 보다가
- 오브젝티브형 : 가격적인 혜택, 인플루언서와 소통

버티컬 커머스 앱별 로열 오디언스

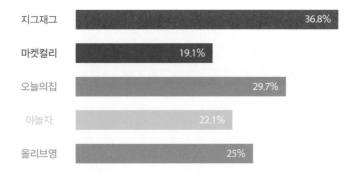

* 조사대상: MZ세대 103명
* 주 1회 이상: (지그재그, 마켓컬리, 오늘의집, 올리브영)/월 1회 이상: (야놀자)

버티컬 커머스 앱별 만족 서비스

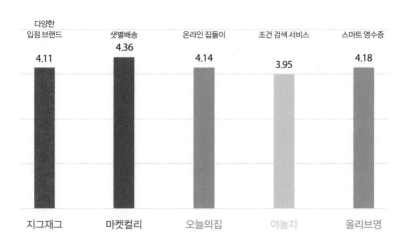

* 조사대상: MZ세대 103명
* 5점 척도 평균값(1점:매우 불만족~5점:매우 만족)

지 확장했기에 가능한 결과로, 디지털라이제이션에 성공한 사례라고 볼 수 있습니다.

MZ세대 대부분은 20개 이상의 앱을 보유하고 있지만, 실제 사용률은 그 절반에 그쳤습니다. 앱 유입은 장벽이 낮지만 충성도 또한 낮은 편이죠. 하지만 버티컬 커머스 앱은 그 공식을 빗겨 나갔습니다. 우리는 [지그재그], [마켓컬리], [오늘의집], [올리브영]에서 주 1회 이상 일정 시간 콘텐츠 시청, 탐색, 구매 등의 행위를 하는 사용자를 로열 오디언스로 설정해 조사에 임했습니다. 여행 및 숙박으로 시즌성이 강한 [야놀자]의 경우에는 월 1회 이상으로 기준을 낮추었죠.

그 결과 응답자의 평균 26%가 해당 앱에 로열티를 가지고 있음을 확인할 수 있었습니다. 여기엔 다양한 이유가 있지만, 한 가지의 공통적인 결론으로 이어집니다. 버티컬 커머스 앱은 다른 플랫폼에는 없는 경험을 제공하는데요. 심층 분석을 위해 앱 항목당 서비스 만족도를 조사했습니다. 결과는 다음과 같습니다.

지그재그 : 다양한 브랜드 입점

"지그재그에는 쇼핑몰이 진짜 많아요. 다른 앱에서 필요한 제품을 여러 번 찾아보느니, 이 앱에서 한 번에 살펴보는 게 편해요." [지그재그]는 분산된 쇼핑몰을 한곳에 모아 사용자 맞춤 상품을 추천해 주는 서비스를 제공합니다. 이곳에는 (2020년 12월 기준) 4천여 개의 쇼핑몰이 입점해 있는데요. 만족도 조사 결과, '다양한 브랜드 입점'이 4.11점으로 타 항목에 비해 점수가 가장 높았습니다.

마켓컬리 : 샛별배송

[마켓컬리]는 배송 서비스의 차별화를 꾀했습니다. 사용자 대부분도 이에 높은 만족도를 표했는데요. 업계 최초로 도입한 샛별배송이 4.36점, 재활용 가능한 종이를 사용하는 친환경 택배 서비스가 4.12점을 차지했습니다. 소비자의 UPS를 적극적으로 파악해 솔루션을 제공한 것입니다.

오늘의집 : 온라인집들이

인테리어 커뮤니티라는 새로운 개념을 제시한 [오늘의집]. 실제 사용자의 집을 소개하는 '온라인집들이'가 4.14점을 기록했습니다. 사용자가 화자로 등장해 몰입도를 높이고 공감을 유도하며, 특히 사진 카테고리에서는 사용자가 직접 콘텐츠를 제작해 정보를 공유하기도 합니다. 취향이나 생활 환경이 비슷한 사용자 간의 활발한 소통이 이루어지고 있죠.

야놀자 : 조건 검색 서비스

[야놀자]는 숙소 검색 시 조건 검색을 제공합니다. 개인의 취향을 기반으로 검색할 수 있는 서비스로 편의성을 극대화하죠. 응답자가 가장 만족했던 서비스는 '상세 조건 검색 필터'입니다. 호텔이라면 몇 성급인지, 펜션이라면 픽업이 있는지, 그리고 가격대까지 개인 맞춤형 플랜을 짤 수 있는데요. 추가로 검색 창 하단에 해시태그로 키워드를 추천하며 새로운 결과를 제공하기도 합니다. 사용자의 검색 경험을 풍부하게 하려는 [야놀자]의 노력이죠.

올리브영 : 스마트 영수증 서비스

만족도 1위인 '스마트 영수증 서비스'는 오프라인 매장 구매 영수증이 앱 내 디지털로 발행되는 서비스입니다. 2위인 '구매 가능 매장 확인 서비스'도 오프라인 매장의 재고를 확인하는 수단이죠. 앱 내 독립적인 기능이 아닌, 오프라인 구매의 수단임을 확인할 수 있습니다. [올리브영]은 온·오프라인의 구매 경험을 연동하는 옴니채널Omni-channel[*]인 셈이죠.

왜 버티컬 커머스 앱일까

적중성

버티컬 커머스는 전문성을 바탕으로 한 큐레이션을 제공합니다. 브랜드는 자사의 제품만 아카이빙을 하기에 선택 폭이 좁고, 퍼블릭 커머스는 너무 많은 선택지를 제시합니다. 노력 대비 높은 효율을 기대하는 MZ세대는 트렌디한 제품을 골라 볼 수 있는 버티컬 커머스로 자연스레 빠져들죠. 맛도 있고 멋도 있는 걸 먹고 싶을 땐 [마켓컬리]에서 제공하는 '컬리의 추천' 란을 누르면 됩니다. 비건, 키토제닉, 베이커리 맛집, 오프라인 맛집 등 취향에 맞는 제품을 모아 볼 수 있으니까요.

콘텐츠

버티컬 커머스에 있어 콘텐츠는 윤활유와 같습니다. MZ세대는 [오늘의집] 이용 이유에 대해 '나와 주거 형태가 비슷한 사람들의 정보를

---

[*] 온·오프라인 매장을 결합하여 언제 어디서든 구매할 수 있도록 한 쇼핑 체계

버티컬 커머스 APP별 이용 이유 ——————————————

지그재그
아이쇼핑 하기 위해서 (62.8%)
앱 사용이 편리해서 (51.2%)

마켓컬리
샛별배송을 이용하기 위해서 (53%)
브랜드만의 감성이 있어서 (40.9%)

오늘의집
나와 주거형태가 비슷한 사람들의 정보를 얻기 위해서 (61.6%)
제품이 다양해서 (53.4%)

야놀자
숙박정보를 확인하기 위해서 (63.6%)
앱 사용이 편리해서 (51.5%)

올리브영
앱 전용 혜택을 받기 위해서 (65.7%)
행사 정보를 한눈에 확인하기 위해서 (50%)

* 조사대상 : MZ세대 103명, 복수응답 가능

얻기 위해서(61.6%)', '킬링 타임용 콘텐츠를 보기 위해서(32.9%)' 때문이라고 답했습니다. 앞서 언급했듯 [오늘의집]을 콘텐츠 커뮤니티로 활용하는 것이죠. 이는 곧 체류 시간과 구매 가능성의 증가로 이어질 가능성이 큽니다. 콘텐츠에서 제품 정보와 랜딩 페이지를 바로 확인할 수 있거든요.

개인화

앱은 고객 데이터 축적하는 데 최적화된 환경입니다. 사용자가 어떤 방식으로 제품을 탐색하는지, 구매까지 몇 단계를 거치는지 등 모든 여정이 남으니까요. 버티컬 커머스 앱은 이 데이터를 바탕으로 개인화된 서비스를 구현합니다. [지그재그]의 시작 화면이 개인마다 상이한 것도 이 때문인데요. 사용자가 어떤 제품에 '찜'을 했고, 어떤 스타일의 제품을 구입하는지에 따라 다른 정보를 제공합니다. 나를 위해 만들어진 듯한 이 앱, 사용하지 않을 이유가 없겠죠?

편의성

'앱 사용이 편리해서', '제품이 다양해서'. 대다수 MZ세대는 편리한 구매 경험을 앱 이용 이유로 꼽았습니다. 디지털 네이티브인 MZ세대는 유년 시절부터 각종 디스플레이와 모바일 인터페이스를 접했습니다. 이들은 편리하지 않은 페이지는 나가고, 복잡한 앱은 삭제합니다. 가령 뷰티 제품 중 토너를 구매하려는 사용자가 있다고 합시다. 우선 유명하고 인기가 좋은 제품을 알고 싶겠죠. 그리고 명성이 진짜인지 판단할 만한 실구매자의 리뷰가 궁금할 거예요. 이에 [올리브영]은 이렇게 해결책을 제시합니다. "상단 '랭킹' 탭에 들어가서 '리뷰 베스트'를 클릭한 뒤 '스킨케어' 카테고리를 선택하세요!"

04

Live Commerce
라이브 커머스

필수가 된 라이브 커머스

채팅창에 쏟아지는 시청자의 질문, 거기에 맞춰 움직이는 출연진들, 거기다 예정에 없던 참여형 이벤트까지. 손안에 담긴 스마트폰 화면에 전례 없던 장면이 펼쳐집니다. 고민 끝에 화면 속 링크를 누르면 순식간에 결제가 진행되죠. 홈쇼핑 형식에 모바일 쇼핑의 편리함을 더한 이것의 정체는, 실시간 스트리밍으로 제품을 판매하고 구매하는 온라인 플랫폼 라이브 커머스Live Commerce입니다.

라이브 커머스가 주요 쇼핑 채널로 급부상하고 있습니다. 앞서 시장을 개척한 중국의 성장세는 폭발적이었는데요. 시작은 잔잔했던 국내 시장에도 지각변동이 일어났습니다. 이베스트투자증권은 2023년 국내 라이브 커머스 시장 규모가 8조 원까지 성장할 것으로 전망했는데요. 기존 커머스 플랫폼에 비해 높은 효율과 구매 전환율, 확장성을 갖기 때문이란 분석이었습니다. 어느덧 라이브 커머스는 선택이 아닌 필수로 자리를 잡고 있습니다.

국내외 가장 핫한 온라인 플랫폼들이 줄지어 '라이브'를 달고 출사표를 던졌습니다. 어디에요? 실시간으로 온라인 판매가 이루어지는 라이브 커머스 시장에 말이죠. 2021년, 더에스엠씨그룹은 라이브 커머스 대표 주자 네이버 쇼핑라이브 마케팅팀과 함께 실제 라이브 커머스 기획 및 촬영을 담당했습니다.

더에스엠씨그룹 X 네이버 쇼핑라이브

"이택조 씨, 김갑생 할머니 김이 맛있습니까. 동원 양반김이 맛있습니까?"

"이야~ 동원 양반김이 맛있습니다!"

네이버 쇼핑라이브 '동원포차에서 라이브 회식'에서 진귀한 장면이 펼쳐졌습니다. 당시 호스트로 참여한 유튜브 채널 〈피식대학〉 한사랑산악회 회장 김영남(김민수 분)과 이택조(이창호 분)의 대화 일부인데요. 여기서 '김갑생 할머니 김'은 방송인 이창호가 열연 중인 또 다른 캐릭터 이호창이 미래 전략실 전략 본부장으로 재직 중인 기업입니다. 가상의 세계관에선 김갑생 할머니 김을 진두지휘하지만, 현실에서는 이택조로 동원 양반김을 홍보해야 하는 상황을 비튼 것이죠.

방송을 시청한 팬들은 해당 장면을 편집해 2차 콘텐츠를 제작했는데요. 그중 '이호창 본부장 분노', '영남 회장 김갑생 가불기 공격'이라는 제목의 유튜브 영상은 10만에 가까운 조회 수를 기록할 정도로 열렬한 환호를 받았습니다. 댓글란은 더욱 흥미로운데요. "김갑생보다 동원김이 맛있다더라"부터 "원본은 어딨느냐", "방송 놓쳤는데 다시 봐야겠다"는 등의 반응이 속출하고 있습니다. 제품을 팔기 위해 진행한 한 회의 라이브 커머스가 홍보 콘텐츠로 재탄생한 셈입니다.

이는 라이브 커머스를 콘텐츠로 소비하기 때문에 일어난 현상입니다. 그간 라이브 커머스는 판매량을 높이기 위해 특가와 단독 구성에만 집중한 딜 커머스Deal commerce에 가까웠습니다. 우리는 네이버 쇼핑 라이브와 라이브 커머스를 기획하고 제작하며 접근법을 달리했는데요. 방송 중에는 시청자의 인터랙션을 최대로 끌어 올리고, 방송 후에도 영상이 자생할 수 있도록 하는 데 주력했습니다. 콘텐츠와 커머스의 융합, 이제 라이브 커머스입니다.

소통의 요건, 캐릭터와 콘셉트

유튜브 채널 〈피식대학〉 한사랑 산악회가 출연한 동원의 네이버 쇼핑 라이브는 실시간 시청자 65만 명을 모아 역대 유입률 2위(방송일 기준)에 등극했습니다. 인기 요인은 타깃 시청자를 겨냥한 캐릭터와 이를 극대화하는 콘셉트에 있는데요. 한사랑 산악회의 아재 감성에 맞춰 세트와 소품을 준비하고, 캐릭터와 매칭하는 제품을 구성했습니다. 이택조는 구수한 사골곰탕을 기본으로 하는 '진국 아재 세트'를, 김영남은 얼큰한 김치찌개를 기본으로 하는 '열정 아재 세트'로 판매 대결을 펼쳤는데요. 두 캐릭터의 경쟁 구도를 '대놓고 판매'라는 코너를 통해 극대화해 재미와 판매 두 마리 토끼를 잡는 데 성공했습니다. 또 시청자 다수가 한사랑 산악회의 팬인 것을 고려해, 굿즈를 리워드로 제공하는 이벤트를 펼쳤는데요. 무려 18만의 인터랙션을 기록할 정도로 열렬한 환호를 받았습니다.

청정원 편의형 요리 안주인 '안주야' 네이버 쇼핑라이브에서는 방송인 신봉선의 부캐 '캡사이신'이 호스트로 등장했습니다. 매운맛 전도사라는 캐릭터를 안주야의 특성에 연결한 것인데요. 제품 라인과 이벤트 또한 화끈함이라는 콘셉트를 철저하게 따르며 진행되었습니다. 방송 구성에 있어서도 단순 시식 대신 '조합 찾기', '먹진심 테스트' 등 새로운 코너를 접목해 재미를 더했고요. 댓글에 즉각적으로 소통하며 시청자가 실시간으로 방송을 함께한다는 느낌을 받을 수 있도록 했습니다. 당일 실시간 시청자 수는 45만 명으로 먹방 전문 인플루언서 부럽지 않은 기록을 달성했습니다.

라이브 커머스 현장 속 더에스엠씨그룹 임직원들

즐길 수 있어야 진짜 인터랙션

여의도 더 현대 서울의 운영 시간이 끝난 오후 10시, 이곳의 첫 라이브 커머스가 시작되었습니다. '앤디 워홀: 비기닝 서울'이라는 전시회를 홍보하기 위함이었는데요. 고정된 카메라 앞에서 쇼 제품을 판매하던 기존 방식에서 벗어나, 3개의 카메라가 인물을 따라가며 전시 공간을 탐험하는 버라이어티 형식을 시도했습니다. 본격적인 시작에 앞서 쇼호스트가 라이브에서만 제공되는 혜택과 이벤트를 안내했고, 뒤이어 등장한 전시 기획자는 전문적인 정보를 제공하는 데 힘썼습니다. 오프라인의 생생함과 현장감을 스마트폰 너머의 시청자가 맛볼 수 있도록 한 것이죠.

후반부에서는 전시 오디오 가이드 녹음에 참여한 그룹 엑소 카이가 앰버서더로 깜짝 출연했는데요. 카이가 함께한 토크쇼에서 소비자 소

라이브 커머스 현장

통 퀴즈를 진행해 인터렉션 60만을 달성, 역대 네이버 쇼핑라이브 최고 기록(방송일 기준)을 세웠습니다. 라이브 커머스를 구매를 달성하기 위한 도구가 아닌, 목적 자체로 접근했기에 가능한 결과였죠. 시청자가 이를 예능이나 오락거리, 좋아하는 스타가 출연하는 작품으로 여기도록요.

시청자 체류 시간을 높이는 방법

매일유업은 '아몬드만 있는데 괜찮으시겠어요?'의 이름으로 아몬드 브리즈 6종을 판매하고 '흰 우유만 있는데 괜찮으시겠어요?'의 이름으로 매일우유 4종과 소화가 잘되는 우유 2종을 판매했습니다. 특히 제품을 활용해 '아몬드 브리즈 빨대 한 번에 꽂기', '소금 우유 맞추기' 게임을 진행하며 몰입도를 높였는데요. 시청자가 정답을 맞히는 방식으로 소이탈을 막고 체류 시간을 늘렸습니다. 세일즈 코너인 '대놓고 판매'에서는 제품 정보와 할인 혜택을 강조했는데요. 애드리브 싸이퍼 권혁수 캐릭터를 극대화, 예능적 요소를 더해 재미있게 풀어냈습니다. 그 결과 방송 종료 기준 72시간 내 진행한 라이브 중 TOP3에 올랐습니다.

라이브 커머스 – MZ세대 실태 조사

더에스엠씨콘텐츠연구소가 MZ세대 소비자의 리얼 보이스를 들어 보았습니다. 연구진은 55명의 MZ세대(밀레니얼 전기 14.5%, 밀레니얼 후기 49.1%, Z세대 36.4%)를 대상으로 라이브 커머스 사용 현황에 관한 설문 조사와 인터뷰를 진행했는데요. 이들은 어떻게 그리고 왜 라이브 커머스를 이용할까요?

라이브 커머스 이용 경로

소비자가 라이브 커머스를 이용하는 형태도 앱 사용 경로처럼 두 가지로 나뉩니다. ▲발견을 통해 방문하는 디스커버리와 ▲목적을 가지고 찾아오는 오브젝티브이죠. 일반적으로 커머스 시장은 디스커버리의 파이가 거대합니다. 하지만 이번엔 달랐습니다. 디스커버리형 소비자는 54.5%, 오브젝티브형 소비자는 41.9%로 격차가 줄어든 것인데요. 특히 오브젝티브형 중 '가격 측면의 혜택이 있어서(25.5%)'라고 답한 비율이 2위를 기록했습니다.

신규 플랫폼인 만큼 확실한 리워드가 있어야 유입이 활발하다는 것을 확인할 수 있었습니다. 원하는 혜택을 묻는 항목에서도 '높은 할인율(56.4%)'을 택한 비율이 가장 많았고, '라이브 커머스에서만 볼 수 있는 한정판 구성(29.1%)', '신제품 최초 공개(9.1%)'가 뒤를 이었습니다. 많은 소비자가 방송 러닝타임 중에만 볼 수 있는 스페셜 퍼포먼스, 라이브 커머스에서만의 차별성에 매력을 느꼈습니다.

주기적으로 플랫폼을 서핑하기보다는, 특정 제품에 한해서(52.7%) 라이브 커머스를 이용하는 경향이 도드라졌는데요. 이를 통해서도 브랜드의 스테디셀러인 인기 제품이나 신제품을 통해 유입되는 경우가 많다는 것을 재확인할 수 있었습니다.

그렇다면 라이브 커머스에 적합한 제품 카테고리가 한정되어 있을까요? 정답은 '아니오' 입니다. MZ세대는 라이브 커머스 플랫폼을 퍼블릭 마켓으로 인지했습니다. 구매 경험에 있어 뷰티(30.9%), 패션(25.5%), 식품(18.2%), 생활용품(18.2%) 카테고리가 모두 비슷한 양상을 보였습니다. 여가 제품도 구매해 본 적이 있다는 답변으로 미루어보아, 라이브 커머스 시장의 진입 장벽은 낮아 보입니다.

왜 라이브 커머스일까

편의성

텍스트나 이미지보다는 영상을 통한 정보 습득이 수월한 MZ세대에게 라이브 커머스는 편리한 구매 경험을 선사합니다. 응답자의 27.3%는 직접 매장에 방문하지 않아도 영상을 통해 정보를 확인할 수 있기 때문이라고 답했어요. 또한, 이들은 모바일 환경에서 처음부터 끝까지 모든 미션을 완수하고자 합니다. 응답자의 36.4%는 편리한 모바일 결제 시스템으로 인해 라이브 커머스를 이용한다고 답했거든요.

실제 방송 화면을 살펴볼까요? 출연진이 제품을 소개하는 화면 하단에 제품 구매 탭이 존재합니다. 클릭하면 바로 구매 팝업이 뜨며 이탈률을 낮추는 역할을 하죠. 일부 플랫폼은 구매 진행과 동시에 방송

라이브 커머스 이용 행태

* 조사대상: MZ세대 55명

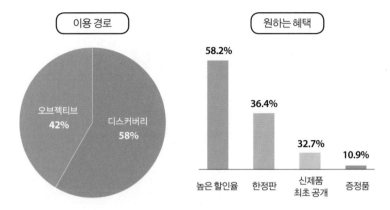

이용 경로

오브젝티브
42%

디스커버리
58%

원하는 혜택

58.2%
높은 할인율

36.4%
한정판

32.7%
신제품
최초 공개

10.9%
증정품

• 디스커버리형 : 지인추천, 광고, 라이브 커머스 플랫폼을 보다가
• 오브젝티브형 : 가격적인 혜택, 인플루언서와 소통

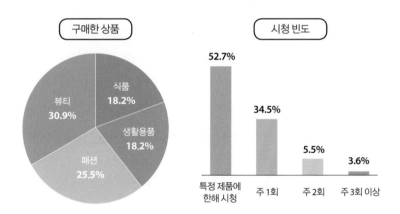

구매한 상품

뷰티
30.9%

식품
18.2%

생활용품
18.2%

패션
25.5%

시청 빈도

52.7%
특정 제품에
한해 시청

34.5%
주 1회

5.5%
주 2회

3.6%
주 3회 이상

라이브 커머스 시청 이유 ─────────────────────────

편의성
> 결제 시스템이 편리해서 (36.4%)
>
> 글,이미지보다 동영상 정보가 편해서 (29.1%)

소통성
> 인플루언서와의 소통을 위해 (30.9%)
>
> 실시간 QnA가 가능해서 (18.2%)

합리성
> 가격이 저렴해서 (50.9%)
>
> 홈쇼핑보다 방송시간이 짧아서 (9.1%)

* 조사대상 : MZ세대 55명
* 최대 3항목 복수응답 가능, 상위 2개 답변 노출

을 볼 수 있게 화면 속 화면을 하단에 배치하기도 합니다.

소통성

콘텐츠 시청자가 제품 소비자로 순식간에 전환되는 라이브 커머스. 이유는 유기적인 커뮤니케이션 속에 있습니다. 소비자에게 라이브 커머스는 인플루언서와 '티키타카'할 수 있는 소통 채널입니다. 라이브 커머스 사용 이유 중 '인플루언서와 소통하고 싶어서'가 무려 30.9%를 차지했습니다. 더불어 응답자의 16.4%는 제품을 구매하지 않더라도 인플루언서를 보려고 방송에 접속한다고 답했죠. 일부 인기 인플루언서는 러닝타임 동안 제품 소개뿐만 아니라 자신의 개인적인 일상이나 QnA를 진행하기도 합니다.

합리성

라이브 커머스가 소비자에게 내민 카드는 가성비입니다. 1시간 동안 진행되는 방송에서만 볼 수 있는 저렴한 가격(50.9%)은 가성비를 중요시하는 MZ세대를 공략할 수 있는 좋은 방법이죠. 소비자는 큰 힘을 들이지 않고 저렴한 가격을 캐치할 수 있고, 집에서 편한 차림으로 클릭만 몇 번 하면 구매까지 속전속결로 이어집니다. 동일 제품의 최저가를 찾기 위해 여러 사이트를 방문하지 않아도 되고, 품질을 확인하기 위해 오프라인 매장을 들리지 않아도 되죠. 더군다나 특가로 구매했다는 만족감까지 얻을 수 있습니다. 이는 앞서 확인한 56.4%의 응답자가 높은 할인율을 기대한다는 답변과 일맥상통하는 부분입니다.

네이버/카카오쇼핑라이브

네이버 쇼핑라이브는 누적 시청 1억 3천만 뷰(2021년 2월 기준)를 기록했으며, 카카오쇼핑라이브 역시 2천만 뷰(2021년 1월 기준)를 돌파하며 뒤쫓고 있습니다. 이번 조사에서도 절반 이상의 MZ세대가 두 플랫폼 중 하나를 이용해 본 경험이 있다고 답했는데요. 왜 하필 네이버와 카카오쇼핑라이브인 걸까요? 먼저 두 플랫폼은 자체적인 결제 시스템으로 인해 구매가 편리합니다(이용 이유 중 구매 편리성을 택한 비율 68.2%). 네이버페이와 카카오페이는 익숙한 온라인 결제 방식이기 때문이죠. 혜택이 높을뿐더러 번거로움 없이 신속하게 결제를 할 수 있습니다.

또한 두 플랫폼은 포털을 기반으로 한 거대 트래픽을 보유하고 있습니다. 소비자들이 라이브 커머스에 접속하기 위해서 별도로 가입할 필요가 없는 것이죠(이용 이유 중 별도 가입 불필요를 택한 비율 61.4%).

라이브 커머스 플랫폼별 이용 현황 ────────────

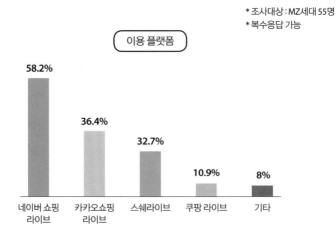

* 조사대상 : MZ세대 55명
* 복수응답 가능

이용 플랫폼

- 58.2% 네이버 쇼핑 라이브
- 36.4% 카카오쇼핑 라이브
- 32.7% 스쉐라이브
- 10.9% 쿠팡 라이브
- 8% 기타

이용 이유

네이버 쇼핑라이브 카카오쇼핑라이브	• 구매가 편리해서 (68.2%) • 기존 회원으로 별도의 가입이 필요 없어서 (61.4%)
스쉐라이브	• 좋아하는 인플루언서가 직접 방송해서 (63.2%) • 콘텐츠가 재밌어서 (42.1%)
쿠팡 라이브	• 기존 쿠팡에서의 구매 경험에 만족해서 (83.3%)

* 최대 2항목 복수응답 가능

이는 소비자에게 분명한 소구점입니다. 낯선 사이트라도 '네이버로 시작하기'나 '카카오로 시작하기'와 같은 계정 연동 서비스가 있으면 주저 없이 가입하는 모습을 흔히 볼 수 있는 것과 같은 부분입니다.

쿠팡 라이브

2021년 3월 초 오픈한 쿠팡 라이브를 경험해 본 비율은 10%였지만, 이용 이유에 대해서는 83.3%가 같은 목소리를 냈습니다. 기존 쿠팡에서의 구매에 만족했기 때문인데요. 쿠팡이 제공하는 빠른 배송과 편리성, 구독 서비스 등의 긍정적인 경험이 라이브 커머스로 이어진 것으로 보입니다.

쿠팡이 라이브 커머스에서 네이버와 카카오의 대항마로 거론되는 이유는 분명합니다. 이곳 역시 회원에 한해 별도의 가입이 불필요하며, 쿠페이로 자체 결제 시스템을 구축하고 있습니다. 여기에 MZ세대를 겨냥할 크리에이터 제도가 강화될 예정인데요. 전문가가 아닌 일반인도 일정 심사를 거쳐 크리에이터로 등록되면 쿠팡 입점 제품을 라이브로 판매할 수 있고, 소비자는 '구독'을 통해 이들의 소식을 받아볼 수 있습니다.

스쉐라이브

응답자 중 Z세대의 약 77%는 패션 플랫폼 스타일쉐어의 스쉐라이브를 이용해 본 경험이 있다고 밝혔습니다. 그 이유로 '좋아하는 인플루언서가 직접 방송해서'가 63.2%, '콘텐츠가 재밌어서'가 42.1%를 기록했는데요. 스타일쉐어에는 'SUN'Styleshare United Network이라는 자체 인플루언서 풀이 있습니다. 다양한 소셜 미디어에서 인기 있는 뷰티/패션

크리에이터들인데, 이들이 진행하는 라이브 커머스에는 '주접' 댓글
이 가득합니다. 이곳에서는 어느 라이브 플랫폼에서도 찾아보기 힘든
빠른 댓글 속도를 실감할 수 있죠.

주목할 점은 스쉐라이브가 외부 IP를 완벽히 활용한다는 것입니다.
와이낫미디어에서 제작한 〈리얼:타임:러브〉는 조회 수 1천만 뷰가 넘
을 만큼 Z세대가 열광하는 웹드라마입니다. 스타일쉐어는 드라마의
공식 패션 파트너사로 참여, 웹드라마의 세계관을 그대로 가져와 라
이브 커머스를 진행했습니다. 극중 주인공이 남자친구 선물을 골라달
라며 진행한 라이브 커머스는 팬들의 열성적인 참여를 유도했고, 인
플루언서에 대한 팬심이 구매까지 이어진다는 가설을 제대로 증명했
습니다.

라이브 커머스형 인플루언서가 있다

라이브 커머스에서 활동하는 인플루언서를 두 타입으로 나누어 보았
습니다. 해당 분야에 전문성이 있거나 제품 및 서비스를 실제로 사용
해 본 ▲체험형 인플루언서, 대중성과 타깃, 취향이 일치하는 ▲이미
지형 인플루언서로요. 우리는 MZ세대가 둘 중 어느 타입을 선호하
는지 질문했습니다. 그 결과, 응답자의 66%는 체험형 인플루언서를,
17%는 이미지형 인플루언서를 택했습니다.

브랜드는 체험형 인플루언서를 통해 진정성을 강조할 수 있습니다.
뷰티 전문 인플루언서 이시아는 라이브 커머스계의 인기 쇼호스트입
니다. 그는 본래 '뷰신'(뷰티의 신)이라는 닉네임으로 피키캐스트와 유

선호하는 인플루언서 유형 ─────────────

*조사대상: MZ세대 55명

체험형	전문성 있는 인플루언서(37.7%)
66%	제품을 실제로 사용해 본 인플루언서(28.3%)

이미지형	대중성이 높은 인플루언서(11.3%)
17%	브랜드/제품의 이미지와 어울리는 인플루언서(5.7%)

튜브에서 활동했습니다. 때문에 뷰티 제품 라이브 커머스를 진행했을 때 높은 신뢰도를 주는 것이죠.

메가 유튜버 '회사원A'는 제품의 실제 로열 오디언스로, 라이브 커머스의 기획에 참여한 사례입니다. 유튜버 초창기부터 홈웨어로 방송을 진행했기 때문에 구독자들은 그가 홈웨어 브랜드 '굿나잇데이브'를 몇 차례 재구매했다는 사실을 알고 있었는데요. 이에 회사원A가 굿나잇데이브의 잠옷으로 라이브를 진행했을 당시 1분도 채 되지 않아 준비된 수량이 완판되었고, 2차 판매를 진행해 달라는 댓글이 자자했습니다.

이미지형 인플루언서와 함께한다면 소비자의 공감대를 저격할 수 있습니다. 인스타그램에 수십만 명의 팔로워를 보유하고 있는 Z세대 전지영은 또래가 가장 사랑하는 인플루언서 중 하나입니다. 우리 반 친구처럼 친숙하면서 소셜 미디어 스타만의 트렌디한 이미지를 보유하고 있죠. 그는 스쉐라이브에서 2021년 초 〈신학기 준비 필수템〉을 진행했는데요. 제품 카테고리와 적합한 인물이면서, 타깃과 연령대가 같아 공감대를 쉽게 형성했습니다.

대중성 높은 스타 인플루언서의 활약도 돋보입니다. 방송인 하하는 현재 네이버 쇼핑라이브에서 〈하하의 베투맨〉이라는 라이브 예능쇼를 진행 중인데요. 하하가 브랜드 상품 두 가지를 출연자 혹은 브랜드 직원과 나누어 판매 대결을 펼치는 콘셉트입니다. 각 방송마다 평균 15만 명이 넘는 시청자 수, 평균 10만 개를 웃도는 누적 하트 수와 성공적인 판매 기록하고 있죠. 인플루언서가 시청자를 끌어들일 수 있는 유입책인 동시에, 시청자의 이탈을 막는 방어책인 셈인데요. MZ세대를 잡는 라이브 커머스를 고민 중이라면, 예능 콘텐츠와의 결합을 고민해 보는 것도 좋겠습니다.

3부

소셜 미디어
실전 마케팅

Social Market Creator라는 이름에서 알 수 있듯 더에스엠씨그룹의 근간은 소셜 미디어 콘텐츠 운영과 제작입니다. 촬영이 가능한 별도의 스튜디오를 보유하고 있고, 20여 직군에 분포한 500여 명의 사내 조직원 모두 크리에이터로서 각자의 직무에 임하고 있습니다. 소셜 미디어 사용자를 소비자로 전환할 스토리, 고민되시나요? 콘텐츠 플랫폼을 꿈꾸는 최고의 소셜 콘텐츠 창조 집단이 소셜 미디어 운영에 대한 모든 노하우를 집약해 정리해 보았습니다.

01
주요 소셜 미디어 채널

블로그·유튜브·페이스북·인스타그램·트위터

10여 년간 지켜본 뉴미디어 시장도 변곡점을 맞았습니다. 거리두기 여파로 온라인이 오프라인을 앞지르면서, 모바일 기기 확산에 박차를 가했죠. 1인 인플루언서의 영향력은 브랜드 파워에 맞먹을 정도로 커지고 있고요. 전통적인 광고로는 마케팅이 쉽지 않아졌고, 일방통행식 메시지로는 사용자와의 소통이 어려워졌습니다. 변화에 맞춰 차별화된 접근이 필요한 때. 우리는 브랜드를 드러내고 타깃이 좋아하는 소재를 활용해, 플랫폼에 유효한 형식으로 구현하라는 목표 아래 소셜 미디어 브랜드 운영 전략을 구축했습니다. 먼저 주요 소셜 미디어 플랫폼, 우리가 BYFIT＊라 부르는 유튜브, 페이스북, 인스타그램, 블로그를 파헤쳐 봅시다.

＊5대 소셜 미디어 플랫폼. Blog, Youtube, Facebook, Instagram, Twitter의 앞글자를 딴 약어

브랜드 주요 소셜 미디어 채널 ─────────────

플랫폼 기반 전략

유튜브	페이스북	인스타그램	트위터	블로그 뉴스룸, 포스트
조회 대비 시청시간	도달 대비 인터랙션	인터랙션	리트윗	UV 대비 PV
시청 유효	전환 유효	팔로워 유효	확산 유효	검색 유효
콘텐츠 화제성 중요	UBS/UPS 중요	운영 콘셉트 중요	플랫폼 문법 중요	콘텐츠 키워드 중요
흥미 창출 콘텐츠	니즈 창출 콘텐츠	우호 창출 콘텐츠	공유 창출 콘텐츠	정보 신뢰성 콘텐츠
화제성 플랫폼(피드+알고리즘有)				네이버

유튜브, 채널 정체성을 확립하라

브랜드의 유튜브 채널 목표는 크게 두 가지 축을 기준으로 합니다. 사용자의 구독을 확보해 브랜드 우호도를 높이는 것과 활발한 인터랙션으로 화제를 낳는 것. 이중 어디에 중점을 두는지에 따라 크게 세 가지 유형이 나뉘는데요. 전자는 크리에이터형, 후자는 스튜디형, 그 중간은 캠페인형으로 명명하겠습니다. 각각의 운영 방향이 상이하기 때문에, 여러분의 채널이 어디에 해당하는지를 파악하는 게 우선돼야 합니다.

브랜드 주요 소셜 미디어 채널 ─────────────
운영 전술

유튜브
채널 페르소나 확립

채널중심		콘텐츠 중심
구독. 브랜드 우호 〉소통, 화제성		구독. 브랜드 우호 〈 소통, 화제성
크리에이터형	캠페인형	스튜디오형

페이스북
명확한 목표 설정

홍보/브랜딩	마케팅/세일즈
• 소통형 콘텐츠 • 정보형 콘텐츠	• 유일형 콘텐츠 • 전환형 콘텐츠

인스타그램
통일된 콘셉트 설정

채널 중심				
1. 아트형	2.페르소나/세계관 구축형	3. 정보형	4. 바이럴형	5. 카툰형

트위터
트위터 문법

콘텐츠 중심		
1. 판 플레이 제공	2. 트위터만의 기능 이용	3. 트위터 문법 차용

블로그
뉴스룸, 포스트
운영 목적에 따른 분류

온드 미디어	정보 전달	검색 전환	구독

크리에이터형

단기적인 성과에 얽매이지 않는 중장기 프로젝트를 진행할 때 적합한 방식입니다. 구독자를 확보하고 로열 오디언스를 결집하는 데 중점을 두죠. 이를 위해서는 명확한 콘셉트가 있는 페르소나를 수립하는 게 중요한데요. 이 페르소나는 크리에이터 한 명의 역할을 해내야 합니다. 정기적이고 규칙적으로 영상을 업로드하고, 구독자명을 설정해 소속감을 형성하세요.

스튜디오형

브랜드 채널이 웹드라마, 영상툰 등 IP 콘텐츠를 생산하는 스튜디오로 작동합니다. 브랜딩을 목표로 한 이전 유형과 달리, 화제를 일으켜 대세감을 형성하는 데 집중하죠. 시의성 있는 소재, 크리에이티브한 기획력 또 뭐가 중요할까요? 브랜드나 제품의 이미지에 적합한 인플루언서와의 콜라보레이션도 좋겠네요.

캠페인형

짧은 시간에 인지도를 확보해야 하는 시즌성 캠페인 등의 단발성 프로젝트. 브랜드의 기존 채널을 통하기보다는 캠페인형 채널을 론칭하는 방식이 효율적입니다. 고정된 이미지를 탈피할 수 있고, PPL에 대한 거부감도 덜하니까요. 새로운 서비스나 제품을 홍보하기에도 용이합니다.

방향을 알았다면 전술을 세워야죠. 여기서는 조회 수 대비 시청 시간 유효 시청률을 잣대로 삼고 나아가세요. 좋은 유효 시청률을 기록하기 위해서는 유형뿐 아니라 콘텐츠 포맷을 명확히 해야 합니다. 식품 업계를 예로 들자면, 먹방이나 쿡방 또는 ASMR 중 하나를 택하라는 것이죠. 여기에 비슷한 성격의 다른 영상과의 차별점도 있어야 합니다. 먹방을 택했다면 그 안에 스톱모션, 애니메이션, BGM, 자막, 편집 속도 등 요소를 비틀어 적용하세요. 소재는 트렌디할수록 좋습니다. 그냥 라면 레시피는 주목하지 않더라도 최근 유행하고 있는 '순두부 라면' 레시피가 담긴 영상은 클릭할 확률이 높으니까요.

페이스북, 전환형 콘텐츠로 운영하라

브랜드는 왜 페이스북 채널을 운영할까요. 기업 PR? 프로모션 홍보? 이곳의 콘텐츠는 목적에 따라 분류됩니다. ▲사용자의 '좋아요'와 댓글을 유도하는 소통형 ▲공유할 만큼 유익한 내용을 담은 정보형 ▲매출 증대를 노리는 유입형 ▲퍼포먼스 중점의 전환형. 그간 대부분의 브랜드는 홍보를 목적으로 한 소통형 및 정보형 콘텐츠에 중점을 뒀습니다. 페이스북에서 제공하는 전환 광고 상품에 AI 기술이 탑재된 지금. 정석처럼 여겨졌던 방식에도 변화의 바람이 불고 있습니다. 그간 셀 수 없이 많은 데이터가 축적됐고, 알고리즘의 정확도는 놀라울 만큼 우수해졌습니다. 최근 페이스북은 구글을 뛰어넘는 광고 성장률을 보이며, 스폰서드 채널Sponsored channel로서 두각을 드러냈죠. 페이스북의 중심이 마케팅과 세일즈가 동시에 가능한 전환형 콘텐츠로 옮겨 가고 있다는 의미입니다.

더에스엠씨그룹 커머스 브랜드의 경우 페이스북 콘텐츠에 사용자가 '클릭할 만한 요소'를 심는데 집중하고 있습니다. 헤드라인은 구매 욕구를 자극할 수 있을 만큼 단도직입적이게, 본 텍스트는 3줄 내로 간결하게, 영상 후킹 포인트는 초반 3초에 보여 주는 식이죠. 랜딩 페이지는 사용자가 유입된 후 회원 가입이나 구매 등의 행위가 막힘 없이 진행되도록 설계하고요.

인스타그램, 콘셉트를 통일하라

인스타그램과 페이스북의 가장 큰 차이점은 피드에서 발견할 수 있습니다. 페이스북 타임라인에는 팔로잉하는 계정 외 다양한 콘텐츠가 쏟아지죠. 이와 달리 인스타그램은 팔로우 콘텐츠를 위한 탭이 별도로 분리돼 있습니다. 홈 피드는 앱을 실행하면 바로 뜨지만, 탐색 피드는 검색 란을 눌러야 확인할 수 있거든요. 팔로워를 확보하고, 그들의 기대를 충족할 만한 통일된 콘셉트가 필요한 이유가 바로 여기 있습니다. 인스타그램은 론칭 당시에도 이미지 중심의 소셜 미디어를 표방했는데요. 수차례의 업그레이드가 이루어진 지금까지도 그 포맷은 유지되고 있습니다. 즉, 채널 콘셉트에 따라 페이지의 얼굴도 다르게 나타난다는 것입니다. 이는 크게 ▲비주얼을 강조하는 아트형 ▲스토리텔링 중심의 페르소나형 ▲특정 분야를 전문적으로 다루는 정보형 ▲B급 코드에 유머를 곁들인 바이럴형 ▲재미 위주의 카툰형으로 구분됩니다.

그렇다고 채널 콘셉트를 안정감 있게 보여 주는 게 인스타그램 운영의 궁극적인 목표일까요? 당연히 아닙니다. 인스타그램은 브랜드의 포트폴리오가 아니니까요. 사용자와 활발하게 소통하는 창구 중 하나입니다. 제대로된 소통이 이루어지는 채널에는 공통점이 있습니다. 바로 통일된 이미지 외 플러스알파 스토리가 있다는 것이죠. 제품의 탄생과 유통에 관한 스토리나, 브랜드의 세계관에서 탄생한 IP 콘텐츠를 접목해도 좋습니다.

트위터, 바이럴을 통한 확산에 집중하라

놀이처럼 번진 밈Meme처럼 소소하지만 강력한 콘텐츠는 모두 여기서 출발했습니다. 트위터는 '그들만의 리그'로 불릴 정도로 다른 소셜 미디어 채널에 비해 대중성이 약한 플랫폼이라 평가 절하되는데요. 사실 이곳은 하나의 이슈에서 2차 콘텐츠가 끊임없이 파생하고 확산하는 바이럴의 성지라 불리어도 부족함이 없습니다. 프로세스를 이해하기 위해서는 세 가지 운영 전술을 숙지해야 합니다. 설명에 앞서 한마디로 정리하고 시작하겠습니다. 브랜드 채널 운영자가 아닌 한 명의 '트위터리안'이 되세요.

판 플레이 제공

사용자가 즐기고 놀 수 있는 소재를 제공하세요. 브랜드 모델과 관련한 '덕질'이나 당일의 '실트'에서 출발해 화두를 던지는 거죠. 사용자의 욕구를 제대로 파악한 소재는 순식간에 이슈로 떠오를 겁니다. 잘 설계된 판은 페이스북, 인스타그램, 유튜브 등 곳곳으로 확장될 거예요.

트위터만의 기능 활용

트위터에는 세 가지 대표적인 기능이 있습니다. ▲멘션을 상단에 고정시켜 지속 노출하는 스레드 ▲댓글과 같은 기능을 하는 답멘션 ▲공유와 확산을 유도하는 리트윗. 해당 기능들은 사용자 간 지속적인 소통을 가능케 한다는 특징이 있습니다. 트위터에서 살아남는 건 '좋아요' 개수에 상관없이 그 안에서 끊임없이 회자되는 콘텐츠입니다.

트위터 문법 차용

한 명의 트위터리안이 되라는 결정적인 이유. 트위터에서 재미를 판가름하는 기준은 다른 소셜 미디어와는 사뭇 다릅니다. 유튜브처럼 긴 호흡의 영상보다는 짧고 임팩트 있는 GIF가, 페이스북의 정성스러운 게시글보다는 센스 있고 명료한 텍스트가, 인스타그램 속 고화질 이미지보다는 B급 감성이 느껴지는 '짤'이 사랑받습니다. 트위터에 최적화된 눈으로 이곳에서의 센스를 기르는 게 중요합니다.

뉴스룸·블로그, 채널 목적을 명확히 하라

2010년 초만 해도 대부분의 기업은 블로그를 중심으로 소셜 미디어 채널을 운영했습니다. 하지만 페이스북, 인스타그램의 사용자가 급증하면서 그 역할이 미미해져 갔죠. 그로부터 4년 뒤 많은 기업이 브랜드 저널리즘을 표방하며 온드 미디어owned media* 성격의 뉴스룸을 구축

---

* 조직 자체가 보유하고 있는 다양한 커뮤니케이션 채널

하기 시작했습니다. 자사가 보유한 미디어를 중심으로 타깃과 직접 커뮤니케이션을 하는 데 주력했고, 이는 텍스트 기반 채널의 부흥으로 이어졌죠. 해당 채널을 효과적으로 운영하기 위해서는 목적에 따른 분류가 선행되어야 합니다.

온드 미디어

뉴스룸으로 대표되는 온드 미디어 콘텐츠를 판단하는 척도는 인터랙션입니다. 사용자가 읽고, 보고, 인용하는 수치에 따라 콘텐츠를 생산하고 큐레이션할 수 있어야 하죠. 뉴스룸 운영 목표는 이익 창출이 아니라 브랜딩에 있습니다. 브랜드 보이스를 유지하되 타깃 중심의 콘텐츠를 기획하는 데 주력하세요. 삼성전자 뉴스룸과 채널 CJ가 홍보적 요소를 최소화한 정보성 콘텐츠를 발행하는 이유입니다.

정보 전달

정보 전달의 경우 철저하게 타깃 관심사를 기반으로 한 소재에서 출발해야 합니다. SEO(검색 엔진 최적화)를 고려해 네이버 판 카테고리에 최적화된 콘텐츠를 기획하세요. 일례로 한국타이어 블로그는 네이버 자동차 판 메인 노출을, K쇼핑 블로그는 네이버 푸드 판 메인 노출을 목표로 콘텐츠를 발행하고 있습니다. 유입률이 좋은 콘텐츠를 시리즈화하는 것도 좋은 방안입니다.

검색 전환

청정원, 오리온 등 식품 기업 블로그는 이벤트 섹션을 따로 나눠 브랜드 데이, 특가, 체험단 등을 알리는 콘텐츠를 집중적으로 발행하고 있습니다. 이러한 전환형 콘텐츠는 정보 전달형과 달리 랜딩 페이지로의 유입을 최우선으로 합니다. 때문에 검색 키워드뿐 아니라 유입 경로, 사용자 패턴까지 철저하게 분석해 프로세스를 수립하는 게 중요합니다.

구독

소비자와 일대일 관계 형성을 노리는 구독형의 경우 페르소나를 적용한 커뮤니케이션이 필요합니다. 정기 뉴스레터 외에도 다양한 콘텐츠를 발행해 사용자와 돈독한 사이를 유지하세요. 피드백을 받을 수 있는 창구를 활짝 열어 두고, 소통을 멈추지 않는 것도 중요합니다. 로열 오디언스 구축을 위한 참여형 장치를 삽입할 수도 있죠. 영화로 치면 특별 시사회 같은 개념인데요. 신제품 출시 전 시행하는 설문 조사 등이 그 예입니다.

[실전] 유튜브 구독자를 고객으로 전환하는 방법

[STEP1] 유튜브, 원츠를 키워라

모두가 유튜브에 모이고 있습니다. 사용자 연령대가 다양해지고 그 수가 가파르게 증가하면서, 페이스북·인스타그램에 힘을 쏟던 브랜드도 유튜브의 가능성에 주력 중입니다. 이곳의 장점은 분명합니다. 첫째, 스토리를 구현하기에 적합합니다. 둘째, 텍스트와 음성 더 나아가 이미지와 영상 등 포맷 활용이 자유롭습니다. 셋째, 구독 및 시청 정보를 통한 효용성 판단이 가능합니다.

실제로 테마파크, 쇼핑몰, 호텔 및 리조트 등 업계의 많은 브랜드가 유튜브 채널을 거느리고 있습니다. 운영 방식은 단발성 화제를 낳는 '콘텐츠 중심'보단, 브랜드 우호도를 높이는 '채널 중심'에 가깝습니다. 내부 자산을 활용해 명확한 콘셉트를 수립하거나, 시리즈를 정기적이고 규칙적으로 발행하죠. 목표는 분명합니다. 구독자를 확보해 시장 자체의 대중성 즉 원츠를 높이는 것, 그리고 이들을 브랜드의 로열 오디언스로 구축해 경쟁력을 갖추는 것이죠.

[STEP2] 채널과 구독자의 CVP를 점검하라

로열 오디언스 구축을 위해선 구독자에 대한 이해와 연구가 선행되어야 합니다. 유튜브 채널 〈에버랜드-EVERLAND〉를 예로 들어 볼게요. 해당 채널은 에버랜드가 운영 중인 모든 소셜 미디어 채널의 허브 역할을 담당하고 있습니다. 연간 270건의 콘텐츠가 꾸준히 발행되며, 일부 콘텐츠는 네이버 TV, 네이버 블로그, 카카오스토리 등으로 미러링됩니다.

누적 조회 수 약 1.5억 뷰(2020년 기준)라는 기록 뒤에는 50만 구독자가 버티고 있습니다. 구독자는 크게 두 가지 성격으로 분류되는데요. 테마파크에 대한 원츠가 높고 트렌드에 가장 민감한 MZ세대와 어린아이를 둔 부모 세대입니다. 부모 세대의 경우 아이의 원츠에 부응하려 노력하고, 육아 및 여가를 위한 공간을 찾는다는 점에서 일종의 니즈가 있다고 볼 수 있죠. 두 세대의 공통점은 채널과의 인터랙션이 매우 활발하다는 점입니다. 콘텐츠를 자발적으로 공유·확산하고, 솔직하고 빠른 피드백을 주는 데 거리낌이 없죠.

구독자 분석을 마쳤다면, 이들이 어떤 콘텐츠에 얼마나 유효한 개입을 보이느냐를 점검해야 합니다. 쉽게 말하면, 영상의 진성 시청자 겸 브랜드의 로열 오디언스가 맞는지를 판단하는 과정이 필요한 것이죠. 영상 조회가 관련 링크를 클릭하는 등 실제 행위로 이어지는지를

에버랜드 공식 유튜브 채널

유효 고객 전환을 위한 CVP 전략

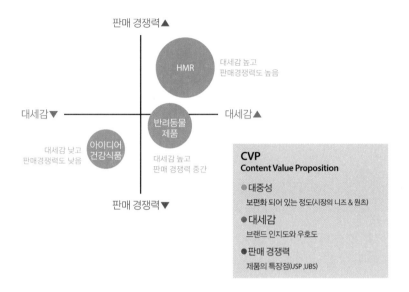

"소셜 미디어 채널 구독자" → "자사 플랫폼 회원" 전환

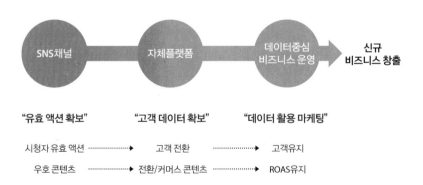

확인해야 합니다. 더에스엠씨그룹은 CVP를 콘텐츠 전환 지수로 평가할 수 있는 네 가지 지수를 도출했는데요. 구독자 유효성을 수치로 가시화할 수 있는, 결괏값이 나오는 수식을 자체 개발했습니다. CVP 지수에서 성과를 확인했나요? 그럼 구독자가 브랜드를 좋아하게 하고 신뢰하게[Adorable] [Believable] 하는 데 성공한 겁니다. 그렇다면 이젠 사게 하는 것[Credible]에 집중할 차례입니다.

[STEP3] 구독자를 고객으로 전환하라

이제 소셜 미디어는 브랜딩과 홍보를 넘어 제품 및 서비스의 판매로 이어지는 통로가 되어야 합니다. 로열 오디언스를 브랜드의 유효 고객으로 전환할 수 있어야 한다는 것이죠. 오프라인을 기반으로 한 문화 공간이라면, 이용 티켓이나 구매가 가능한 상품권 및 할인권이 예가 될 수 있습니다. 아직까진 현장 구매가 일반적인 경우가 많고, 사용자가 거쳐야 하는 구매 결정 단계가 복잡한데도요? 네, 그렇습니다. 브랜드 우호도를 단단하게 쌓은 로열 오디언스를 위한 판을 깔아 주면 문제없습니다. 여기서 판이란 플랫폼에서의 혁신 '디지털 트랜스포메이션'과 콘텐츠의 혁신 '콘텐츠 트랜스포메이션'을 말합니다.

디지털 트랜스포메이션 (DT)
지금까지 많은 브랜드는 거대한 소셜 미디어 유입률을 단순 트래픽으로 활용하는 데 그쳤습니다. 대형 포털 커머스나 오픈 마켓의 랜딩 페이지로 연결해 구매를 유도했죠. 수수료 지불을 감내하고서라도 이미

안정화된 플랫폼의 힘에 기댄 셈인데요. 유입 경로 및 데이터를 파악할 수 없기 때문에 고객 관리가 불가하다는 한계가 있었습니다. 익숙한 길을 등지고 간 초행길이 지름길일 때가 있습니다. 브랜드가 자체적으로 개발한 플랫폼이 더 즉각적이고 확실한 구매로 이어질 수 있다는 의미입니다.

소셜 미디어 유입률을 하나의 랜딩 페이지로 모아 주세요. 우선 숙제는 탄탄한 직영몰(랜딩 페이지) 구축입니다. 직영몰 회원 및 방문 고객수가 증가하면, 모바일 앱을 출시해 플랫폼화를 꾀할 수 있습니다. 단순히 판매를 위한 플랫폼이 아닌, 프로모션 및 부가 서비스를 홍보하는 코어 채널을 구축하는 것이죠. 사용자 입장에서는 오픈 마켓 랜딩 페이지에 없는 정보를 한눈에 확인할 수 있으니 편리성이 높아졌다고 느낄 것이고, 그만큼 구매 결정 여정은 단축될 것입니다. 브랜드는요? 고객 데이터베이스 확보는 물론 타깃 별 관심 서비스나 상품이 무엇인지에 대한 정보를 수급할 수 있으며, 유입 경로가 파악되니 채널 간 통합된 마케팅 전략이 실현 가능해집니다.

콘텐츠 트랜스포메이션 (CT)

소셜 미디어 콘텐츠에도 변화가 필요합니다. 콘텐츠 하나만으로 구매를 결정할 만큼, 제대로 만들어야 하거든요. 여기서 잘 만든 콘텐츠란 우호, 흥미, 정보를 적재적소에 녹인 것이 아닙니다. 사용자의 UBS와 UPS를 녹여 솔루션을 제공하는 콘텐츠를 말합니다. 이를 위해서는 타깃별 가설을 수립하고 검증하는 과정을 거쳐야 합니다. 오프라인을 기반으로 한 문화 공간의 경우, 쇼핑몰 대기 시간에 불만을 갖는 커플이나 아쿠아리움의 관람 과정에서 개선을 원하는 부모를 겨냥할 수 있을 것입니다. 짧은 시간에 클릭을 유도할 만큼 재밌고 기발한 크리에이티브를 접목하고, 시의성을 고려해도 좋고요. 브랜드 모델 및 인플루언서의 방문이나 방송 노출분도 콘텐츠 커머스의 소재가 될 수 있습니다.

신흥 소셜 미디어 채널

틱톡·카카오 채널·네이버 밴드·뉴스레터

2020년 와이즈앱 조사 결과에 따르면 틱톡은 전년 대비 150% 이상의 증가율을 기록했습니다. 같은 해 11월 한 달간 한국인 만 10세 이상의 안드로이드 스마트폰에서 틱톡을 사용한 시간은 무려 26억분이라 합니다. 유튜브, 페이스북, 인스타그램에만 집중했던 이들에겐 사뭇 놀라운 수치죠. 재밌는 건 〈한국인이 가장 많이 사용한 앱〉 조사에서도 확인할 수 있습니다. 1위 카카오톡은 4천 223만 명으로 2위인 유튜브와 200만 명 가량 차이를 벌렸고, 4위 네이버 밴드는 1,920만 명으로 인스타그램의 1,424만 명을 앞질렀습니다. 강자들의 독식이 계속될 것 같던 소셜 미디어 시장이 최근 급부상한 플랫폼들의 활약으로 한 치 앞을 내다볼 수 없게 되었습니다.

브랜드 신흥 소셜 미디어 채널 ——————

플랫폼 기반 전략

틱톡	카카오톡 채널	네이버 밴드	뉴스레터
숏폼short-form 플랫폼	마케팅 & CRM	그룹형 소셜 미디어	텍스트 기반 구독 플랫폼
참여 유효	전환 유효	4050 팔로워 유효	구독 유효
트렌드 해시태그 중요	잠재 고객 타깃 중요	커뮤니케이션 중요	로열 오디언스 구축 중요
크리에이티브 콘텐츠	싱크 기능 연계 콘텐츠	전환형 콘텐츠	자체 콘텐츠

틱톡, 참여율에 집중하라

틱톡TikTok은 오로지 15초 내외의 짧은 영상을 활용하는 숏폼 플랫폼입니다. 언어의 장벽이 덜하기 때문에 글로벌 소통에 용이하고, 사용자 절반이 16세에서 24세라는 면에서 가장 영Young합니다. 2016년 론칭 이후 줄곧 상승 곡선을 탄 데다 2020년 상반기에는 무려 6억 2천만 건의 다운로드를 기록했습니다. '집콕' 현상과 챌린지 열풍으로 인한 특수 때문인데요. 놀라운 성장세에 국내 브랜드들도 틱톡 대열에 합류했습니다. 일부는 환호 받았지만 다수는 백기를 들었죠. 이곳의 승부수 '높은 참여율'을 제대로 공략하지 못한 것인데요. 이건 단순히 페이스북이나 인스타그램에서 핫한 소재를 짧게 편집한다고 얻어지는 결과가 아닙니다. 틱톡에서의 승부수는 분명합니다. 높은 참여율. 이를 위한 전략도 크게 세 가지로 정리됩니다.

202

트렌드 해시태그

브랜드의 목적과 성격을 접목한 콘텐츠, 중요합니다. 하지만 일차 목표는 사용자에게 더 많이 노출되고 더 넓게 확산될 만한 콘텐츠입니다. 이를 위해서는 적합한 트렌드 해시태그를 접목해 추천에서 유리한 포지션을 선점해야 하죠. 문제는 틱톡의 사이클이 기존 채널과는 비교되지 않을 정도로 빠르게 움직인다는 것입니다. 이곳의 트렌드 해시태그는 1~2주를 기준으로 숨 가쁘게 변동합니다. 기민하게 읽고 민첩한 반응하세요.

따라 하고 싶은 크리에이티브

틱톡은 촬영과 동시에 편집이 가능한 플랫폼입니다. 배경 음악이 무료로 제공되기 때문에 저작권 부담도 없죠. 누구든 콘텐츠를 생산하고 재가공하는 1인 크리에이터가 될 수 있다는 의미입니다. 그렇다면 보고 듣는 것뿐 아니라 사용자의 행위를 이끌 수 있는 콘텐츠란 무엇일까요. 관건은 '따라 하고 싶은' 크리에이티브가 있는지 입니다. 틱톡에서 크리에이티브는 선택이 아닌 필수입니다.

TX · TI 활용

User eXperience를 뜻하는 UX와 User Interface의 UI는 틱톡에서도 동일하게 적용됩니다. 우린 이걸 TX와 TI라고 정의했는데요. 사용자가 브랜드 콘텐츠를 지속적으로 활용할 수 있도록 다양한 항목을 고려해야 한다는 의미입니다. 이는 틱톡의 디자인, 스티커 등의 요소부터 세로 화면 비율이나 듀엣 기능 등 전반적인 요소를 아우릅니다.

카카오톡 채널, 세일즈 확장에 활용하라

국내 최대 사용자를 확보한 카카오톡이 비즈니스 영역 확대에 박차를 가하고 있습니다. 이중 카카오톡 채널은 브랜드가 마케팅과 고객과의 소통 도구로 쉽고 유용하게 활용할 수 있는 툴입니다. 가장 기본적인 방식은 사용자의 채팅방에 뜨는 메시지형 광고인데요. 이벤트 홍보, 신제품 알림, 쿠폰 발송 등 소식을 긴밀하게 전달할 수 있습니다. 이는 ▲큰 사이즈 이미지를 활용해 주목도가 높은 와이드 이미지형 ▲다양한 주제를 항목별로 보여주는 와이드 리스트형 ▲상품이나 서비스에 대한 세세한 설명이 있는 기본 텍스트형으로 구분됩니다. 마케팅 목적에 맞는 최적의 메시지를 택하되 최적의 순간과 대상을 고려해 설계해야겠죠.

최근에는 카카오 싱크를 접목한 사례가 늘고 있습니다. 고객이 카카오톡 채널에서 링크를 열면 약관 동의, 본인 인증, 정보 입력 단계가 한 번에 진행돼 빠른 가입이 가능한 기능인데요. 직영몰이나 오프라인 매장에 방문하는 고객을 회원으로 모을 수 있으며, 수집한 데이터베이스를 바탕으로 효과적인 고객 관리가 가능합니다. 산발적으로 발송됐던 메시지형 광고를 더 정확한 타깃에게 보내 행위를 끌어낼 수 있다는 이점도 상당하고요. 직영몰 론칭을 예로 들어 볼게요. 처음 론칭하는 몰의 1차 목표는 신규 모객 확보입니다. 먼저 직영몰 전용 혜택을 소재로 한 카카오톡 비즈보드로 유입을 끌어낼 수 있겠죠. 호기심에 클릭한 사용자도 싱크 기능을 통해 가입하고, 카카오톡 채널을 추가하도록 랜딩 페이지를 구축하는 거죠. 구매 회원에게는 리뷰 이벤트 등의 쿠폰을 발송해 리텐션Retention을 유도하는 것도 잊지 말아야 합니다.

해당 회원이 쿠폰 등록을 위해 직영몰을 재방문했다고 가정해 보세요. 싱크 기능으로 자동 로그인이 등록됐으니, 구매 효율이 자연스레 증가할 수밖에 없습니다.

카카오톡은 가능성이 무한한 채널입니다. 사용자의 생활 속에 깊숙이 침투해 있고 이탈 가능성도 현전히 낮거든요. 방문하는 곳곳마다 QR코드 사용하는 덕에 신규 서비스로의 유입도 꾸준히 늘고 있고요. 비대면이 필수가 된 지금, 소비자의 관점에서 생각해 봅시다. 경조사나 정기 모임을 챙기기 어려울 때 어떻게 성의를 표할 수 있을까요. 카카오 선물하기에서 상대가 필요한 상품을 보낼 것입니다. 보다가 좋은 제품을 발견하면 쇼핑하기에서 구매할 수도 있고요. 실제로 카카오톡 선물하기는 출범 10년 만인 2020년 거래액이 약 3조 원 규모로 성장했습니다. 이곳에 입점한 브랜드는 그렇지 않은 경쟁사보다 더 월등한 판매 경로를 확보한 셈이죠. 마케팅 방식에 대해서도 제고할 필요가 있습니다. 당장 매출과 직결되지는 않더라도 사용자와의 커뮤니케이션을 통해 브랜딩할 만한 방식을요. 카카오톡 이모티콘, 카카오TV, 카카오 프렌즈 타임 등의 서비스를 제대로 활용하는 브랜드가 되세요. 소비자와 긴밀히 소통할 줄 아는 브랜드가 대세감을 얻습니다.

네이버 밴드, 구매 여정을 설계하라

여러분의 브랜드는 어떤 소비층을 주 타깃으로 하고 있나요? 매일 새로운 게 쏟아지는 뉴미디어에서는 대부분 MZ세대를 겨냥하고 있지만, 사실 4050는 모든 업계의 큰 손이나 다름없습니다. 일례로 1인 가구형 소형 가구 및 소형 가전, 간편식 등에서 4050 구매 비중이 꾸준히 증가하고 있는데요. 이전 세대와 달리 활기찬 인생을 살아가는 신중년층이 늘어났기 때문입니다. 이제 중년층도 편하고 빠르며 트렌디한 걸 쫓는다는 거죠. 물론, 2030 자녀를 둬 젊은층에 수요가 있는 제품 구매에 관여하기도 하고요. 이런 신중년층은 어디서 브랜드에 대한 정보를 얻고 나눌까요? 바로 공통의 관심사를 기반으로 한 모임 공간 네이버 밴드BAND입니다. 앞서 밴드의 사용자 수가 인스타그램과 페이스북을 넘어섰다는 이야기를 했는데요. 이중 40대 이상의 사용자가 50% 이상을 차지합니다. 어떤 소셜 미디어와 비교해도 월등한 점유율이죠.

트위터에는 그만의 문법이, 틱톡에는 TX·TI가 있듯이 밴드에도 고유의 방식이 있습니다. 작동 원리는 같습니다. 브랜드가 페이지를 개설하고 콘텐츠를 올리면 사용자가 구독하고 댓글로 소통하죠. 그런데 이곳의 사용자는 별명이나 이니셜로 닉네임을 설정하지 않습니다. 지역, 연령, 나이 등 신상 정보를 명시합니다. MZ세대에게 온라인이 다른 차원의 세계라면, 밴드 사용자에게 이곳은 오프라인의 확장에 가깝습니다. 콘텐츠 성격도 사뭇 다릅니다. 여타 소셜 미디어를 점령한 연애, 연예, 패션의 자리를 여행, 사진, 등산, 그림, 책, 농산물 등이 대체하고 있습니다. 주제가 주제인 만큼 브랜드 제품 및 서비스를 밈이나 웹드라마로 가공하는 스낵 컬처가 통하기 어렵습니다. 실질적으로 도움이 되면서 구매로의 여정이 분명한 마케팅이 좋습니다.

일례로 한국철도공사는 '대한민국 기차 여행' 밴드를 운영 중인데요. 각 지역 담당자들이 여행 상품과 기차 운영 시간표처럼 아주 자세하고 세세한 정보를 공유합니다. 출판사들은 좋은 글귀를 정기 연재하며 하단에 책 구매 링크를 노출하고요. 링크를 클릭하면 바로 구매할 수 있는, 전환형 콘텐츠가 제힘을 발휘할 만한 공간이죠. '직거래 장터'가 활성화됐기 때문에 소상공인에게는 하나의 유통 채널이 될 수 있습니다. 구독자만 제대로 확보한다면, 오픈 마켓이나 대형 유통가에 입점하는 것보다 훨씬 경제적인 선택이니까요. 아직은 미미하지만 2030의 유입도 늘고 있습니다. '아침 7시 기상 인증', '매일 N보 걷기 인증'을 하는 인증 밴드 덕분입니다. 최근에는 사용자가 밴드 내에서 구체적인 목표 달성 기간과 참여 멤버 수를 선택해 미션을 만드는 기능이 추가되었습니다. 브랜드가 주도하는 인증과 미션에는 리워드가 제공되니 파급력이 더 크겠죠.

뉴스레터, 가장 잘 하는 것을 하라

뉴스레터는 subscribable, '구독하고 싶은' 콘텐츠를 '구독 가능한' 플랫폼에서 내보내는 방식이자 블로그와 뉴스룸의 한계를 극복한 대안입니다. 과거 사용자에게 뉴스레터는 제목에 '(광고)'를 달고 오는 스팸에 지나지 않았습니다. 아마 대부분은 내용을 읽지도 않은 채 수신거부 버튼을 눌렀을지도 모릅니다. 자극적인 이미지와 가짜 뉴스가 범람하는 오늘날 뉴스레터의 위상은 달라졌습니다. 구독 버튼 한 번이면 양질의 콘텐츠를 주기적으로 보내고, 고객의 이름을 하나하나 불러 주며 긴밀히 소통합니다. 브랜드가 전달하고자 하는 내용을 타깃에게 콕 집어 보낼 수 있다는 점에서 일대일 마케팅이라 불러도 손색

없겠죠. 신뢰도가 쌓일수록 로열 오디언스는 늘어날 거고, 세일즈를 접목해 고객을 증대할 수도 있을 것입니다.

그러기 위해서는 유통 방식뿐 아니라 콘텐츠 생산 방식에 대한 고민이 필요합니다. 뉴스News레터를 구성하는 건 new things, 새로운 콘텐츠여야 합니다. 공식 소셜 미디어에서 볼 수 있는 콘텐츠를 모아 보내는 건 미러링에 지나지 않겠죠. 공식 홈페이지나 보도 자료에서 쉽게 찾을 수 있는 소식을 다시 내보내는 것도 큰 의미는 없을 것입니다. 브랜드의 로열 오디언스일수록 이미 접한 내용을 한 발 늦게 받아보는 셈이니 계속해서 구독해야 할 이유가 없어질 것이고요. 올드미디어에서 뉴미디어로 가는 전환점에서 디지털라이제이션에 실패한 브랜드의 공통점은 기존의 것을 고스란히 옮겨 왔다는 데 있습니다. 뉴스레터에는 그 자체로 충분한 완성형 콘텐츠가 필요합니다. 그럼 우리 브랜드는 어떤 뉴스레터를 해야 할까요? 정답은 분명합니다. 가장 잘하는 걸 해야죠. 적정 타깃층에게 적합 뉴스를 큐레이션하고, 자체적인 조사와 연구로 도출한 오리지널 콘텐츠를 강화해야 해요. IT, 식품, 유통, 패션 등 여러분이 몸담고 있는 업계에서 유용하고 유의미하게 쓰일 콘텐츠를 말이죠. 더에스엠씨그룹은 사내 조직원 연구용으로 일간 뉴스클립을, 우수 레퍼런스를 홍보하는 월간 뉴스레터를 발행, 대내외로 시너지 효과를 내고 있는데요. 2021년부터는 뉴스레터 플랫폼을 개발해 운영 중입니다. 여기에 얽힌 자세한 이야기는 마지막 장에서 다루도록 하죠.

인스타 릴스·유튜브 쇼츠

'패스트 래프Fast Laughs'. 세계 최대 OTT 넷플릭스가 플랫폼에 새로운 콘텐츠 기능을 도입했습니다. '빵 터지는 웃음'이라는 이름처럼 직관적이고 빠른 숏폼 서비스인데요. 넷플릭스 오리지널 영화, 드라마, 애니메이션, 예능의 킬링 파트를 15~45초로 편집해 세로형의 모바일 스크린에 노출하는 형태입니다.

영상 측면에는 '좋아요'를 떠올리게 하는 LOL Laughing Out Loud과 소셜 미디어 공유 버튼이 있어 즉각적인 인터랙션이 가능하며, 스와이프를 통해 다음 영상을 계속 시청할 수 있습니다. 아직 넷플릭스 자체 IP 시리즈를 기반으로 플레이되지만, 전체 콘텐츠가 노출될 예정인데요. 곧 iOS뿐 아니라 안드로이드에도 서비스가 제공될 거라고 합니다. 롱폼Long form 플랫폼의 대표주자인 넷플릭스가 숏폼 콘텐츠로 영역을 넓히다니 흥미진진하네요.

그보다 전에는 인스타그램이 릴스Reels를, 유튜브가 쇼츠Shorts 베타 버전을 선보이며 틱톡에 도전장을 내민 바 있습니다.

인스타 릴스, 사용자의 힘

인스타그램 릴스는 15~30초 내외의 짧은 영상을 촬영 및 편집해 업로드할 수 있는 서비스입니다. 영상에 '좋아요'를 누르거나 댓글을 달 수 있고, 오디오 트랙이 표기된다는 점에서 틱톡과 비슷하죠. 초기에는 틱톡에 업로드했던 영상을 인스타그램 릴스에 미러링하는 경우를 많이 볼 수 있었는데요. 기본 화면에 릴스 탭을 정중앙에 배치하는 등 인스타그램 측의 공격적인 공략으로, 사용자가 늘어난 상태입니다.

"그래서 틱톡과 뭐가 다른데?"라는 물음에 인스타그램 측은 이렇게 답했습니다. 자신들에게는 전 세계 10억 명에 달하는 사용자 베이스가 있으며, 릴스가 그 안에 통합돼 일부로서 제공된다고 말이죠. 쉽게 말하면 접근성이 높고, 진입 허들이 매우 낮다는 것인데요. 릴스 출범 전에도 인스타그램 전체 영상 피드 가운데 15초 미만의 짧은 영상이 45%를 차지했다니, 곧 고유의 문화가 형성되지 않을까 하는 예측입니다.

마케팅 툴로서의 전망은 긍정적입니다. 불특정 다수에게 닿는 대신 타깃 적합도가 떨어졌던 틱톡과 달리, 이미 확보한 팔로워들에게 우선적인 노출이 가능하니까요. 릴스 영상을 올린 계정 프로필에는 전용 탭이 따로 생기기 때문에, 그간 업로드한 영상을 모아 보여 줄 수도 있습니다. 또한 아직까지 릴스를 활용하는 브랜드가 적어 특수를 노리기에도 적합한 시기고요. 인스타그램이 레드오션이면, 릴스는 블루오션인 셈이죠.

CJ ONE은 인스타그램 릴스 서비스가 오픈되자마자 대표 캐릭터 '원스터'를 내세운 패러디 영상을 연달아 공개했습니다. 이미지 콘텐츠보다 생동감 있고, '문화를 만듭니다'라는 그룹 모토에 걸맞게 트렌디한 선택이죠. 아직까지 가시화된 성과를 내놓긴 이르지만, 팔로워와 친밀감을 쌓는 시도였다는데 의의가 있겠네요.

유튜브 쇼츠, 정보성 콘텐츠의 가능성

세계 최대의 영상 유니버스 유튜브가 미국에서 쇼츠 베타 서비스를 시작했습니다. 쇼츠의 원리도 이전 숏폼 플랫폼과 크게 다르지 않습니다. 모바일에서 세로형의 쇼츠 카메라로 촬영한 15초 분량의 영상을 바로 공유할 수 있고, 이전에 업로드된 60초 이내의 영상에 '#Shorts' 해시태그를 붙이면 전용 섹션에 노출되죠.

쇼츠를 주목해야 하는 이유는 분명합니다. 인스타그램, 페이스북 등의 소셜 미디어는 인적 네트워크를 기반으로 탄생했기 때문에 콘텐츠를 일종의 놀이로 소비하는 경향이 강합니다. 반면 유튜브는 정보를 공유하는 플랫폼입니다. 이 특성은 "요즘 애들은 네이버가 아니라 유튜브에 검색한다"라는 말처럼 나날이 뚜렷해지고 있고요. 실제로 유튜브가 활성화된 5년간 구글을 통해 정보를 검색하는 국내 사용자 비율은 30배 넘게 늘었습니다. (2015년 1.33%, 2020년 32.70%)

쇼츠에서는 틱톡, 릴스의 이슈형 콘텐츠와는 다른 전략이 가능합니다. 단발성 해시태그에 탑승하지 않고, 브랜드의 보이스를 효율적으로 전달할 수 있는 메시지형 콘텐츠로 말이죠. 전문성을 바탕으로 신뢰감을 주고, 타깃 맞춤형 정보를 즉각적으로 제공할 수 있습니다. 이전 사례가 '소셜'에 가까웠다면, 쇼츠는 '미디어'에 방점이 찍힙니다.

기존 유튜브에서 제공하던 긴 호흡의 영상과도 차별점이 있습니다. 사용자가 원하는 주제만 골라 볼 수 있고, 광고를 기다릴 필요도 없으니까요. 호흡이 짧으니 조회 수가 높고 이탈률이 낮겠죠. 이는 곧 채널 유입이나 구독자 확보 등의 전환으로 이어지고요. 콘텐츠 소비 형태가 변하며 카드 뉴스가 탄생한 것처럼, 쇼츠도 유튜브의 미래가 될 것입니다.

숏폼, 한 가지 특징을 덧붙이겠습니다. 바로 모바일 최적화입니다. 넓직한 모니터 대신 손안에 들어오는 기다란 스마트폰 화면이 익숙한 MZ세대에 맞춰 콘텐츠 시장도 변화하고 있습니다. 2021년 틱톡이 발표한 조사 결과에 따르면, 세로형 광고가 가로형 광고보다 흥미롭다고 답한 MZ세대의 비율은 17.4%가 높았습니다. 같은 광고에서 세로형 광고 평균 시청 지속율은 89%에 달했지만, 가로형의 평균 시청률은 33%였죠.

카카오TV는 다수 오리지널 시리즈를 세로로 제작 중입니다. 10분 안팎의 숏폼 예능 콘텐츠 '찐경규'는 1회를 가로형으로 공개했지만, 세로형에 대한 반응이 더 좋자 2회부터 포맷을 바꿨습니다. 네이버 나우는 서비스 중인 모든 콘텐츠를 세로로만 제작합니다. 이동 중 혹은 집에 누워서도 콘텐츠를 소비할 수 있도록 해 누적 시청자 2천만 명(2020년 9월 기준)을 돌파했습니다. 모바일에서 짧은 콘텐츠를 소비하는 MZ세대. 비대면과 개인화가 일상이 되며 1인 관객의 몰입감을 극대화할 수 있는 세로형 화면의 수요는 점점 더 늘어갈 것으로 보입니다.

[실전] 틱톡 프로젝트의 노출률을 높이는 방법

4천만 뷰

단 3개월. '이십생활'의 첫 틱톡 프로젝트가 이걸 이루기까지 걸린 시간입니다. 이십생활은 2020년 9월부터 12월까지 약 3개월 간 100명의 서포터즈와 진행된 더에스엠씨그룹의 첫 자체 틱톡 프로젝트인데요. 이름에서 알 수 있듯 더에스엠씨그룹 미디어 스튜디오 〈이십세들〉이란 콘텐츠 IP에서 출발했습니다. 프로젝트가 본격적으로 시동을 건 시기는 올 하반기이지만, 그 탄생은 2017년을 거슬러 올라갑니다. 당시 10대 후반부터 20대 초반의 MZ세대가 공감할 수 있는 미디어를 표방한 유튜브 채널 〈이십세들〉이 개설되었습니다. '세들세들'이라 불리는 로열 오디언스의 열화와 같은 성원에 힘입어 페이스북, 인스타그램으로 그 영역을 넓혔죠. 여기서 우린 아주 분명한 명제를 검증했습니다. MZ세대는 자신을 표현하고, 공유하며 즐거움을 느낀다는 것을요. 그래서 이들에게 소비하는 콘텐츠가 아닌 생산하는 콘텐츠를 제공하기로 했습니다. 기왕이면 가장 핫하고 재밌는 틱톡으로 말이죠.

[STEP1] 성공적인 운영은 치밀한 분석에서

틱톡에 따르면 한국인 사용자 중 67%는 매주 새 영상을 업로드합니다. 알아서 잘하는 사용자들이라지만, 지속적인 참여를 위해서는 제대로 된 프로젝트가 있어야 했죠. 먼저 〈이십세들〉과 틱톡이 진행하는 '언택트 대외 활동'이라는 주제로 20대 참여자를 모집했습니다. 1

천여 명의 지원자 중 총 20팀 100명의 인원을 선발, 세 달간 매주 두 개의 영상을 올리는 미션을 부여했고요. 판을 깔았으니 진행 여부만 감독하면 되지 않겠냐고요? 예상과 달리 우리가 제일 힘을 쏟은 단계는 미션을 기획하는 부분이었습니다. 콘텐츠의 성공 여부는 조회 수에 달렸고, 더 많은 사용자에게 노출되기 위해서는 틱톡의 생태에 기민하게 반응해야 했거든요. 가령 2020년 국내 사용자가 가장 많이 사용한 해시태그 '#집콕생활'을 활용해 '대학러 집콕 생활'을, 재택 근무·수업의 영향으로 '20대 오늘의 식단'을 내놓았는데요. 이외에도 '추석 잔소리', '한글날 챌린지', 'MBTI 리액션', '90년대 음악' 등 20개의 미션을 진행했습니다. 한 주 단위로 바뀌는 트렌드 해시태그를 크리에이티브하게 푸는 데에도 많은 고민이 있었지만, 정답은 틱톡에

이십생활 첫 틱톡 프로젝트

있었습니다. 무료로 제공되는 각종 음원을 최대한 활용하고, 스티커나 액션 등의 스낵컬처를 곳곳에 녹이고자 했어요. 물론, 듀엣 기능으로 이십생활 채널을 노출하는 것도 잊지 않았습니다.

[STEP2] 성행을 성과로 이어가라

이렇게 만들어진 2,400여 개의 콘텐츠가 4천만 뷰를 기록했습니다. 4천만, 가늠이 잘 안 가시죠. 틱톡 국내 MAU는 400만 명 수준입니다. 이들이 모두 10번씩 이십생활의 콘텐츠를 본 셈이니 실로 엄청난 수치라고 할 수 있죠. 100명의 참여자 가운데 프로젝트 종료 시까지 활

틱톡 대학 카테고리에 등록된 이십생활 콘텐츠

동한 이들이 85%에 달한다는 점도 눈여겨볼 만합니다. 참여한 20대 대부분이 이십생활을 제대로 활용했던 증거니까요. 20대를 위한, 20대에 의한, 20대의 콘텐츠를 제작할 통로를 열어 주고자 했던 기획 의도가 성공한 것이죠. 이중 적극적으로 활동한 일부는 수십만의 구독자를 거느린 틱톡 인플루언서로 성장했는데요. 이들은 영상 내 외국어를 기재해 외국 사용자의 유입을 늘리고, 팬을 지칭하는 애칭을 지어 자신만의 로열 오디언스를 구축하고 있습니다. 콩 심은 데 콩 나고 팥 심은 데 팥 난다더니. 이십생활이 1인 크리에이터를 배출한 격이죠.

무엇보다 중요한 건 이십생활이 틱톡에서 20대의 대변자가 됐다는 데 있습니다. 틱톡 메인에 노출됐던 '틱톡커 차트'를 눌러본 적 있나요. 그랬다면, 대학University 카테고리를 차지한 이십생활 콘텐츠를 한 번쯤 발견했을 겁니다. 추후 다른 프로젝트를 진행함에 있어 부스터가 될 사용자를 확보한 거죠. 2021년 이십생활 2기의 활동이 진행되면서 이들의 데이터베이스도 차곡차곡 쌓이고 있는데요. 이를 바탕으로 사내 연구진이 틱톡을 공략할 전략 및 전술을 구체화하고 있습니다. 우리의 가설을 검증하는 과정도 쉬지 않고 있고요. 일례로 앞서 소개한 미디어 스튜디오 〈OTR〉은 기존 유튜브 채널 콘텐츠를 틱톡에 미러링하는 형식만으로도, 회당 평균 20만 뷰(2021년 1월 기준)를 기록하며 순항 중입니다.

[STEP3] 가능성에 집중하라

브랜드가 틱톡을 시작해야 할 이유는 너무나도 분명합니다. 성장률이 높고, 진입 장벽이 낮기도 하지만 사용자의 마인드 자체가 다르기 때문이죠. 앞서 언급했듯 틱톡 사용자는 피드에 자신을 노출하고 알리기 위해서 콘텐츠를 생산합니다. 플랫폼에서 끝없이 회자돼 대세감을 형성하고 싶은 브랜드에게는 더할 나위 없이 좋은 선택지가 되겠죠. 틱톡에서의 붐이 당장의 매출과 직결되지는 않을 수 있습니다. 하지만 이곳의 콘텐츠를 통해 브랜드를 경험한 사용자라면, 잠재 고객 또는 로열 오디언스가 될 가능성이 커지겠죠. 그 어떤 콘텐츠보다 사용자의 관여가 깊게 들어가는 UGC니까요.

이른바 틱톡에 최적화된 입지 조건을 가진 브랜드도 있습니다. 틱톡은 페르소나가 영상을 이끌어가는 경우가 많습니다. 식음료, 뷰티, 주류 업계처럼 브랜드만의 캐릭터가 확고할수록 진입과 성장이 쉽다는 의미죠. 바이럴에 능숙한 브랜드라면 '판 플레이'를 일으킬 만한 콘텐츠를 구성하는 것도 좋은 방법입니다. 민트초코, 고구마케이크 등 평소 취향에 따라 확고히 갈렸던 아이템을 활용한 밸런스 게임은 어떨까요. 비슷한 아이템을 대조해도 좋습니다. 사용자의 취향이 핑크빛 코랄과 코랄빛 핑크 중 어떤 립스틱인지를 가려내는 것도 재밌잖아요. 대중성이 높고 제품군이 많은 브랜드라면 이상형 월드컵을 응용해도 되고요. 잘 만든 틱톡의 힘은 페이스북, 인스타그램의 인터랙션을 단숨에 뛰어넘을지 모릅니다.

숏폼 콘텐츠 - MZ세대 실태 조사

숏폼 콘텐츠가 소셜 미디어의 판도를 뒤집어 놓았습니다. 롱폼^{Long form}
과 미드폼^{Mid form}이 주를 이루던 유튜브가 숏폼 플랫폼 쇼츠의 출범을
알리고, IGTV와 라이브로 영상 영역을 넓히던 인스타그램이 릴스를
선보였죠. 더 이상 Z세대만의 문화가 아닌 겁니다.

숏폼 콘텐츠는 여타 콘텐츠와 차별화되는 매력을 지니고 있습니다.
우선, 15초에서 1분 이내 분량으로 호흡이 짧고 후킹합니다. 각종 필
터와 스티커 등 시각적 효과는 물론이고, 귀에 꽂히는 BGM으로 이
목을 끌죠. 쉽고 재밌으니 파급력도 상당합니다. MZ세대는 능동적으
로 챌린지에 동참하여 플레이 그라운드를 형성하거나, 직접 숏폼 콘
텐츠를 제작합니다. 이는 기하급수적으로 많은 사람에게 도달하고요.
대세를 아는 브랜드라면 숏폼 콘텐츠를 고민해야 할 때입니다.

자, 그렇다면 우선 MZ세대가 어떻게 숏폼 콘텐츠를 시청하는지 알
아야겠죠. 더에스엠씨콘텐츠연구소는 숏폼 콘텐츠를 시청하는 MZ세
대 103명을(밀레니얼 전기 20.5%, 밀레니얼 후기 63%, Z세대 16.5%) 대상
으로 설문 조사를 진행했습니다. 숏폼 콘텐츠가 효과적인 마케팅 툴
이 될 수 있을지 알아보기 위해서요.

숏폼 콘텐츠 이용 경로

103명의 MZ세대는 하루 평균 33분 숏폼 콘텐츠를 시청합니다. 하루
에 1시간 이상 본다는 응답자는 13.5%에 달했죠. 한 응답자는 통학하

숏폼 플랫폼 이용 행태

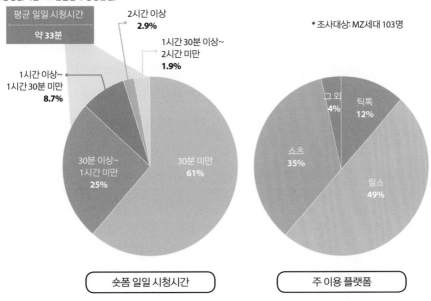

(구간 중앙값 기준으로 산출한 추정평균임)

평균 일일 시청시간
약 33분

2시간 이상
2.9%

1시간 30분 이상~
2시간 미만
1.9%

1시간 이상~
1시간 30분 미만
8.7%

30분 이상~
1시간 미만
25%

30분 미만
61%

* 조사대상: MZ세대 103명

그 외
4%

틱톡
12%

쇼츠
35%

릴스
49%

숏폼 일일 시청시간

주 이용 플랫폼

숏폼 콘텐츠 시청 이유

* 조사대상: MZ세대 103명

킬링타임
61.2%

시간을 보내기 위해서 (56.3%)

스트레스를 풀기 위해서 (4.9%)

정보수집
27.2%

트렌드를 따라 잡기 위해서 (21.4%)

관심있는 정보나 지식을 얻기 위해서 (5.8%)

타인교류
11.6%

다른 사람들의 라이프스타일을 엿볼 수 있어서 (8.7%)

댓글과 공유 등으로 친구와 소통할 수 있어서 (2.9%)

는 시간, 대기하는 시간 등 자투리 시간에는 꼭 숏폼 플랫폼에 접속하고, 학교 쉬는 시간에는 같은 반 친구들과 콘텐츠를 찍는다고 대답했습니다.

숏폼 콘텐츠를 이용하기 위해서는 먼저 대표 플랫폼의 특성을 파악해야 합니다. 응답자의 11.7%는 틱톡을, 49.5%는 인스타그램 릴스를, 35%가 유튜브 쇼츠를 이용한다고 답했는데요. 세 플랫폼의 성격은 인터페이스에서 드러나듯 확연히 다릅니다. 먼저 틱톡은 참여 중심형 플랫폼인데요. 하단 중앙 버튼을 통해 영상을 바로 제작할 수 있고, 인기 해시태그를 한눈에 확인할 수 있어 소비자의 참여를 유도합니다.

릴스와 쇼츠의 인터페이스는 시청에 초점을 두고 있습니다. 릴스의 시청 버튼은 인스타그램 하단 정중앙에 위치해 릴스를 쉽게 둘러볼 수 있으며, 탐색 탭에서도 쉽게 확인할 수 있죠. 유튜브 또한 '#Shorts' 해시태그를 통해 숏폼 콘텐츠를 우선 노출하고 있습니다. 후발 주자인 만큼 숏폼 콘텐츠가 많은 이들에게 발견되도록 배포하고 유통하는 데 주력 중인 걸 알 수 있습니다. 진입장벽도 그만큼 낮아지겠죠.

왜 숏폼 콘텐츠일까

킬링 타임

모바일에 친화적인 MZ세대는 스낵 콘텐츠를 선호합니다. 이동 시간 등 자투리 시간에 쉽고 빠르게 시청할 수 있기 때문이죠. 기존 스낵커

블^{Snackable}한 영상은 5~15분 사이의 영상을 의미했습니다. 하지만 더 짧은 콘텐츠에 대한 수요가 늘어나고, 숏폼 콘텐츠가 소셜 미디어의 주류로 떠오르며, 소비자가 생각하는 스낵 영상의 길이는 더 짧아지고 있습니다. 과반수의 응답자가 15초에서 1분 사이의 숏폼 콘텐츠를 '단순 시간을 보내기 위해서' 시청한다고 답했거든요.

정보 수집

숏폼 문화를 선두한 틱톡이 유희적인 성격을 보인다고 해서, MZ세대가 재미만을 위해 숏폼 콘텐츠를 소비한다고 생각하는 건 오산이에요. 조사 결과 응답자의 21.4%는 '트렌드를 따라잡기 위해', 5.8%는 '관심 있는 정보나 지식을 얻기 위해' 숏폼 콘텐츠를 시청한다고 이야기했습니다. 즉, 정보 수집을 위해 숏폼 콘텐츠를 찾는 수요가 있으며, 이러한 MZ세대의 목소리는 늘어날 전망입니다.

구매를 이끄는 숏폼 콘텐츠

마케팅에서의 활용 가능성은 클까요. 결론부터 말하자면 답은 'YES'입니다. 영상이라는 원론적인 접근에서 시작해 볼게요. TVCF나 유튜브 영상에 삽입되는 15초 광고는 일방향적일 수밖에 없습니다. 반면 숏폼 콘텐츠는 쌍방향 소통을 가능하게 합니다. 조사 결과 절반에 가까운 응답자가 숏폼 콘텐츠 시청 후 '좋아요/댓글/공유' 등을 남길 것

---

* 쉽고 빠르게 소비할 수 있게 만들어진

숏폼 콘텐츠 구매 자극 요소

❶ 나에게 적합한 정보를 제공하는 콘텐츠(36%)
  → 정보성

❷ 재미와 웃음을 유발하는 콘텐츠 (35%)
  → 흥미성

❸ 선호하는 인플루언서가 출연한 콘텐츠 (11.7%)
  → 흥미성

❹ 정확한 상품 정보를 제공하는 콘텐츠 (6.8%)
  → 정보성

❺ 영상미가 있는 감성 콘텐츠(3.9%)
  → 흥미성

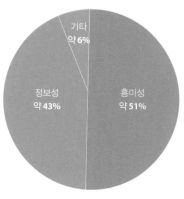

* 조사대상: MZ세대 103명

숏폼 콘텐츠의 인게이지먼트

| 재미 요소를 녹인 정보 콘텐츠 | | 단순 재미 위주 콘텐츠 |

9명 (14%)	좋아요/댓글 작성	6명 (16%)
24명 (39%)	구매링크 클릭	11명 (29%)
34명 (55%)	제품 리뷰 검색	23명 (62%)
18명 (29%)	브랜드 공식채널 방문	3명 (8%)
2명 (3%)	오프라인 매장 방문	1명 (2%)

합 61명   합 37명

* 조사대상: MZ세대 103명

이라고 대답했습니다. 소셜 미디어 사용자의 특성상 자신의 인상과 감정을 적극적으로 표출하려는 경향이 있기 때문이죠.

이런 참여적 특성을 활용한 좋은 예가 챌린지 마케팅입니다. 이는 브랜드의 화제성과 대세감으로 연결되지만, 일회성이라는 한계가 있죠. 콘텐츠 소비자를 브랜드 고객으로 전환하고 실질적인 제품 구매를 유도할 가능성은 높지 않았습니다.

그렇다면, 어떻게 구매 가능성을 높일 수 있을까요? 여기서 소비자인 MZ세대의 목소리를 들어봤습니다. 어떤 요소에 자극받아 구매를 결정하는지 말이죠. 36%의 응답자가 '자신에게 적합한 정보를 제공하는 콘텐츠'를, 35%가 '재미와 웃음을 유발하는 콘텐츠'를 꼽았어요. 브랜드 메시지에 해당하는 제품 및 서비스 정보와 콘텐츠 자체의 매력에 해당하는 흥미성 모두 비슷한 비율을 보인 것인데요. 이를 바탕으로 두 가지가 적절히 배합된 콘텐츠가 MZ세대를 움직인다는 것을 유추할 수 있습니다.

좀 더 구체적인 양상을 파악하기 위해 응답자에게 상이한 두 개의 틱톡 영상을 보여 주었습니다. 전자는 사용법과 효능 등 제품의 정보에 재미있는 스토리텔링을 녹인 영상이고요. 후자는 제품 외관만 나온 광고로, 크리에이터가 힙한 효과를 이용하여 광고 제품을 가지고 노는 흥미성 위주의 영상이죠. 그리고 콘텐츠의 성격에 따라 시청 후 어떤 행동을 취할지 물어보았습니다. 구매 리액션은 적극성에 따라 세 가지 단계로 나누었어요. ▲구매 의지 없이 인터랙션만 보여주는 1단계 ▲삽입된 링크를 클릭하거나, 제품 리뷰 및 후기를 검색해 보는 2단계 ▲브랜드 공식 소셜 미디어 채널이나 오프라인 매장을 방문하는 3단계로 말이죠.

결과는 어떨까요? 두 콘텐츠 모두 2단계 구매 리액션을 보이는 응답자가 가장 많았으나, 2위는 사뭇 달랐습니다. 재미 요소를 녹인 정보 콘텐츠를 선택한 응답자는 가장 적극적인 3단계 구매 리액션을 보인 반면, 단순 재미 위주 콘텐츠를 선택한 응답자는 인터랙션만 보이는 1단계를 선택했죠. 즉, 콘텐츠가 정보 제공 역할을 할 때 소비자의 적극적은 구매 행동을 이끌어 낼 수 있기 때문에 브랜드는 정보성 숏폼 콘텐츠에 도전해야 합니다.

이탈을 막는 방법

콘텐츠를 잘 만들었다면, 구매를 유도하는 장치를 설치하는 것도 중요합니다. 예를 들어 볼게요. 한 소비자는 인스타그램에서 A 제품의 영상을 보고 구매 욕구가 들었습니다. 먼저 브랜드 채널에 방문하기 위해 포털 사이트에 접속하죠. 브랜드 검색 후 A를 찾기 위해 채널을 탐색합니다. 그리고 리뷰와 후기를 확인하고 나서야 구매를 결정하죠. 이 여정에서는 최소 3번의 이탈 포인트가 발생하는데요. 바로 포털에서 브랜드를 검색할 때, 브랜드 채널에서 A를 찾을 때, 구매기를 확인하기 위해 다른 채널을 활용할 때 입니다.

반면, 패션 플랫폼 29CM는 〈What's in ___'s bag〉이라는 타이틀의 릴스를 제작하고 있습니다. '패션업계 직원은 가방에 무엇을 넣고 다닐까'에 대한 궁금증을 쉽고 빠르게 해소하는 콘텐츠이죠. 그리고 한마디를 덧붙입니다. "영상 속 제품이 궁금하다면, 제품 보기를 눌러 보세요." 29CM에서 판매하는 제품의 랜딩 페이지를 연동해, 쉽고 빠른 전환을 꾀하고 있는 것이죠. 구매 결정 과정이 한 번에 이루어지기 때문에, 소비자의 번거로움을 줄일뿐더러 이탈도 방지할 수 있습니다.

4부

뉴미디어
플랫폼 연구

아침에 샤워하며 틀어놓은 유튜브의 인기 동영상, 출근길 졸음을 쫓기 위해 스크롤하며 뉴스를 봤던 페이스북, 점심시간 오늘의 메뉴를 공유했던 인스타그램 피드, 퇴근길 지하철에서 웃음을 참으며 둘러본 틱톡 해시태그 챌린지, 자기 전 침대에 누워 인스타그램을 둘러보다가 충동 구매하게 된 스토리 광고. 어느덧 MZ세대의 일상에 스며들어버린 뉴미디어, 새로운 플랫폼은 없을까요? 더에스엠씨그룹이 직접 기획하고 구축해 성공적으로 운영 중인 뉴미디어 플랫폼을 소개합니다.

01

메타 콘텐츠 플랫폼
〈방구석 연구소〉

여러분이 동물로 환생한다면, 무엇일까요? 미래에 부자가 된다면, 어떤 유형일 것 같은가요? 기발하죠. 뭐가 나올지 궁금하기도 하고요. 음식과 밈에 대한 지식을 등급으로 받아 볼 수 있다면 어떨까요. 다른 이들의 것이 나와 얼마나 다른지 비교해 보고 싶을 것입니다. 일련의 테스트는 더에스엠씨그룹 참여형 플랫폼 〈방구석 연구소〉가 제공하는 콘텐츠입니다. 간단한 질의응답으로 자신을 정의하는 레이블링 기법을 차용했죠. 수백만 명의 참여와 공유를 기록, 네이버 급상승 검색어 1위와 트위터 실시간 트렌드에 오를 정도로 열렬한 호응을 받고 있는데요. 이쯤 되면 '수익을 내야 하는 기업에서 이런 놀이는 왜 만들었지'라는 의구심이 들 겁니다. 여기엔 다 계획이 있답니다.

방구석 연구소의 탄생

2020년 9월 문을 연 방구석 연구소는 홈스테이 트렌드에 맞추어 기획되었습니다. 소통과 만남이 줄어든 시기에 MZ세대가 함께 즐길 만한 참여형 콘텐츠를 만들자는 의도에서 출발했죠. 관건은 '참여를 어떻게 독려하느냐'였는데요. 우리는 광고 사업부를 운영하며 거쳐 온 수천 회의 이벤트를 되짚어 보았습니다. 성공한 프로젝트에는 분명한 프로세스가 있었어요.

> 1. 주체(나)의 공감을 끌어낼 만한 결괏값이 도출되어야 한다.
> 2. 이는 다수의 참여자(너)와 공유할 만한 방식이어야 한다.
> 3. 공유로 인한 확산을 노리려면, 이벤트를 경험한 이들(우리)이 모일 공간이 필요하다.

관건은 3번이었습니다. 그 공간을 기존 소셜 미디어 내에 짓지 말고, 독자적인 플랫폼으로 만들자는 결론을 내렸죠. 플랫폼이 제 기능을 하기 위해선 일정 기준 이상의 참여자가 필요했는데요. 탄탄한 구독자 층을 거느린 유튜브 채널 〈이십세들〉을 통로로 삼았습니다. 영상 스토리에 〈방구석 연구소〉 테스트를 녹여 구독자의 유입을 유도한 거죠. 첫 콘텐츠 '연애 능력 테스트'는 공개 2개월 만에 참여자 수 100만을 돌파, 비상을 위한 날개를 다는 데 성공했습니다.

〈방구석 연구소〉

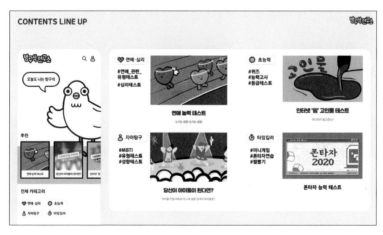

〈방구석 연구소〉 메인 화면

참여형 '콘텐츠' 플랫폼

1차 목표는 '더 많은 사람이 즐기고 공유하도록 하자'였습니다. 때문에 가장 쉽게 접근할 수 있는 연애나 심리부터 자아 탐구, 초능력 등의 카테고리를 기반으로 다양한 테스트를 제작했습니다. 약 10여 개의 문항에 답을 하면 다양한 유형 중 참여자와 맞는 결과를 알려주는데요. 선택된 유형에 능력을 성장시켜 줄 수 있는 능력치 강화 팁이나 유형별 궁합을 소개해 주는 등 깨알 같은 재미를 더했습니다. 최근에는 QnA 테스트 대신 가벼운 미니 게임을 강화, 타임킬러 카테고리를 보강 중이고요. 기대 이상의 성과도 있었습니다. 반려동물 간식 용품을 판매하는 피피픽과 시너지 효과를 낸 사례인데요. '반려견 관계 테스트'에 참여 후 인스타그램에 인증하면 추첨을 통해 피피픽 체험팩을 증정하는 이벤트를 함께 진행했습니다. 두 경우의 접점을 찾아 타깃을 명확히 한 덕에 높은 전환율을 보였습니다.

참여형 '마케팅' 플랫폼

이곳의 콘텐츠는 식품, 유통, 투자, 패션, 뷰티 등 다양한 브랜드를 위한 마케팅 툴이 될 수 있습니다. 캠페인 및 이벤트 홍보, 브랜드 채널로의 유입 증대, 판매 전환, 브랜딩, 다양한 목적을 아우르죠. 〈방구석 연구소〉의 '첫인상 테스트'는 한 온라인 몰 제품을 홍보하고 신규 고객을 유치하기 위해 기획되었습니다. "꿈 속에서 너무 행복한 여행을 하고 있다. 그 여행지는 어디일까?", "내가 꿈꾸는 삶에 가장 가까운 모습은?" 등 10개 문항에 답하면 첫인상 유형을 보여 주는 식이죠.

우린 '퇴폐미 뚝뚝 빨간 장미', '강강약약 달콤살벌 무화과' 등으로 여러 유형을 명명해 재미 요소를 더했습니다. 여기에 성격 및 행동 패턴을 상세히 설명하고, 이를 제품 유형으로 연결해 공감을 끌어냈죠. 마지막엔 사이트 링크와 가입 혜택을 명시해 참여자가 거부감 없이 제품을 구매할 수 있도록 했습니다. 공개 당일 테스트는 77만 명 이상이 참여했고, 네이버 실시간 검색어 전체 1위에 올랐습니다. 또한 트위터 실시간 트렌드에서 '나의 첫인상', '뽀송 비누', '치사량딸기케이크', '바오밥나무' 등 관련 키워드 7건이 연달아 노출되는 성과를 보였습니다.

'메타 콘텐츠' 플랫폼

〈방구석 연구소〉의 놀이는 새로운 차원의 '메타 콘텐츠'와 만나며 체험형으로 발전하고 있습니다. 메타 콘텐츠란 메타^{Meta}가 함의하는 바

〈방구석 연구소〉 '#기억하_길' 테스트

와 같이 더 높은 차원을 뜻합니다. 코딩을 기반으로 텍스트, 이미지, 영상이 유기적으로 연결된 콘텐츠죠. 이해하기 쉽도록 예를 들어볼게요. 우리은행과 함께한 '#기억하_길' 테스트는 3·1절 만세 운동을 주제로 기획됐습니다. 테스트 시작 전 '1919년으로 돌아가기' 버튼을 누르면 각색된 이야기가 시뮬레이션처럼 펼쳐지는데 다양한 애니메이션과 배경음악, 효과음, 모션, 진동 등이 실제 현장을 재현한 듯 생생하게 전달됩니다. 주어진 상황에 모두 답한 참여자는 자신과 매칭되는 독립운동가 유형을 확인할 수 있습니다. 실수를 모르는 철두철미한 밀정 '최근우', 똑 부러지게 독립을 주장한 변호사 '김병로', 신식문물을 담당한 신세대 독립운동가 '권기옥' 등 실존 인물을 바탕으로 해 몰입도를 높였죠. 각 인물의 이야기는 유튜브 채널 〈OTR〉 영상으로 제작, 참여자 스스로가 그날의 역사를 체험하도록 유도했습니다.

확산에 불을 지핀 건 '온라인 만세 운동'이었습니다. #기억하_길 해시태그로 참여 인증 게시물을 게재하면, 1건당 1천원이 어려운 환경에 처한 독립운동가 후손에게 전달되도록 한 것이죠. 좋은 취지에 동감한 가수 이영지·악동뮤지션 수현 등이 자발적으로 해당 테스트를 홍보했고, 곧 엄청난 유입을 끌어냈습니다. 3·1절 당일, 〈방구석 연구소〉의 동시 접속자 수가 7천 명에 육박했는데요. 현재 누적 참여자 수는 75만 명을 기록했고, 인스타그램에 공유된 #기억하_길 해시태그는 3만 5천여 개에 달합니다. 카카오톡, 페이스북, 인스타그램, 트위터 등 링크 공유는 10만을 앞두고 있고요. 당초 목표 기부액이었던 3천만 원은 72시간 만에 달성했습니다.

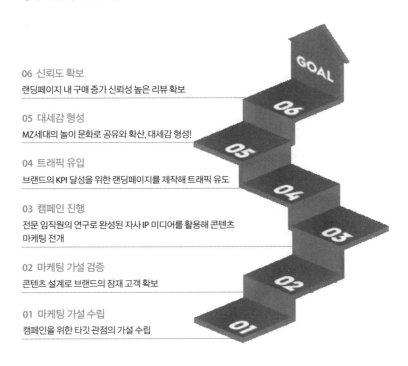

06 신뢰도 확보
랜딩페이지 내 구매 증가 신뢰성 높은 리뷰 확보

05 대세감 형성
MZ세대의 놀이 문화로 공유와 확산, 대세감 형성!

04 트래픽 유입
브랜드의 KPI 달성을 위한 랜딩페이지를 제작해 트래픽 유도

03 캠페인 진행
전문 임직원의 연구로 완성된 자사 IP 미디어를 활용해 콘텐츠
마케팅 전개

02 마케팅 가설 검증
콘텐츠 설계로 브랜드의 잠재 고객 확보

01 마케팅 가설 수립
캠페인을 위한 타깃 관점의 가설 수립

방구석 연구소의 실험은 계속된다

〈방구석 연구소〉는 개발 초기부터 콘텐츠가 사라지지 않고, 온전히 기능하는 '플랫폼'을 목표로 했습니다. 웹 페이지뿐 아니라 앱에서의 접근성과 편리성을 강화하도록 설계하는데 힘썼죠. 플랫폼이 활성화되기 위해서는 정기 방문자, 즉 회원이 확보되어야 했는데요. 한 가지 고민이 있었습니다. 이곳의 콘텐츠는 회원 가입 없이 누구나 즐길 수 있잖아요. 그래서 어떻게 하면 '+'(Plus)가 될지를 고민했습니다. 회원

의 콘텐츠 결과가 자동으로 기록되도록 '나의 방구석'이라는 기능을 도입했습니다. 또한 '전체 유형보기', '랭킹에 닉네임 등재시키기' 등의 서비스를 통해 콘텐츠를 폭넓게 즐길 수 있도록 했죠. 그 결과 최근 회원 수 3만 명(2021년 8월 기준)을 돌파, MAU는 120만(2021년 8월 기준, 웹)을 기록했습니다.

　사용자가 믿고 참여할 만큼 높은 퀄리티가 강점인 〈방구석 연구소〉. 이제 새로운 플랫폼 론칭을 준비하고 있습니다. 프로덕션 중심에서 한 걸음 더 나아가, 사용자가 자유롭게 자신이 만든 메타 콘텐츠를 올리고 플레이하는 '오픈 플랫폼'을 말이죠. 누군가 나무 한 그루를 심기 위해 땅을 팔 때, 우린 숲을 그리며 울타리를 쳐요. 앞선 이야기는 〈방구석 연구소〉 Ver1.0의 소개서입니다. 머지않아 Ver2.0에 대한 청사진을 나눌 수 있길 기대합니다.

방구석 연구소

Platform Builder

〈방구석 연구소〉 담당자 코멘터리

"참여형 콘텐츠라는 새로운 플랫폼의 성장을 이끈 원동력은 '자발적 확산'이었습니다. 우리는 참여, 공유, 확산, 그리고 이로 인한 또 다른 참여를 끌어 낼 새로운 콘텐츠를 준비 중입니다!"

— 콘텐츠 담당, 유지윤

"전형적인 마케팅 프로세스는 이제 지겹습니다. 〈방구석 연구소〉는 우리만의 웰메이드 콘텐츠를 바탕으로, 트렌드를 반영하면서 효율까지 놓치지 않는 마케팅 툴로 자리 잡았습니다."

— 마케팅 담당, 박상용

"생산자가 일방적으로 전달한 정보를 소비하는데 그쳤던 기존의 콘텐츠. 이제 소비자가 직접 참여하는 콘텐츠의 시대가 열렸습니다. 트렌드의 중심에 선 개발자로서 그 상상력에 날개를 다는 일은 너무나도 즐겁습니다."

— 개발 담당, 노현묵

"새로운 기술은 항상 새로운 창작과 맞닿아 있으며, 이는 세상에 없던 즐거움을 만들어냅니다. 당신의 온라인·디지털·모바일 경험을 더 창의적이고 놀랍게 만들 우리의 넥스트 스텝을 기대해 주세요!"

—총괄, 임하은

02

뉴스레터 플랫폼
〈미리밋터〉

유료 구독자 10만 명
2019년 매출 100만 달러(11억 5천만 원)

2017년 문을 연 뉴스레터 플랫폼 서브스택^{Substack}의 실적입니다. 별도의 광고 없이 유료 구독료의 10%만을 가져가는 것을 생각하면 실로 엄청난 수치죠. 매일경제의 보도에 따르면 팬데믹 이후 서브스택의 매출은 60% 이상 증가했습니다. 불과 3개월 만에 작성자 숫자는 두 배로 뛰었고, 이 플랫폼을 활용해 뉴스를 제작하는 저널리스트나 작가도 2배 이상 늘었어요. 뉴스레터의 성공으로 구독 모델의 성장 가능성을 본 소셜 미디어 업계도 차츰 움직이고 있습니다. 또 트위터는 2020년 2분기 실적 발표를 통해 구독 형태의 비즈니스를 출시할 거라 공언했습니다.

앞서 마케팅 툴로서 뉴스레터의 가능성을 짚어봤는데요. 그 시작은 이메일이 활성화하기 시작한 2000년대 초반으로 거슬러 올라갑니다. 당시 많은 기업과 공공기관이 자사의 소식을 전하는 수단으로 이를 활용했는데요. 공식 사이트와 소셜 미디어 채널을 정립한 후로는 그 기능이 눈에 띄게 약화됐어요. 이벤트 및 광고 등 불필요한 메일이 범람하면서 거부감을 갖는 사용자들이 많아졌고요. 그런데 최근 2년간 뉴스레터가 콘텐츠가 살아있는 플랫폼으로 각광받고 있습니다. 뉴스 미디어 외 전문성이 뚜렷한 신생 채널이 등장했고, 뉴스룸을 운영하는 기업은 월마다 뉴스레터를 발송하는 방식을 병행 중이에요. 새 것이 아닌데도 새로이 트렌드가 된 데에는 이유가 있습니다. 우선 그걸 짚어 보도록 하죠.

뉴스레터를 구독하는 이유

구독의 미학

대중은 이제 콘텐츠를 구독해서 받아봅니다. 먼저 뉴스를 생각해 볼까요? 사회생활을 하고 취업 준비를 하는 이들일수록 사회, 경제, 시사를 습득하고자 하는 욕구가 큽니다. 나의 발전을 위해 이 정도는 알아야겠는데, 포털 사이트를 일일이 뒤질 시간은 부족한 거죠. 그래서 시간이 지나도 내 메일함에 있고, 중요한 소식만 알아서 골라주는 뉴스레터를 구독하는 것입니다. 취향을 누리고 관심사를 수집하는 데도 적합하죠. 특정 분야의 전문가가 인증된 정보를 친절하게 설명해 주는 데다 내용의 보관과 재가공이 쉬우니까요.

시대에 따른 콘텐츠 포맷 변화

시간축: 1970s · 1980s · 1990s · 2000s · 2010s · 2020s~

잡지 변영 시대 — 가장 신뢰하는 매체 '신문'

- 한메일, 웹메일 서비스 시작
- 중앙일보, 국내 최초 인터넷 신문 개통
- 리디셀렉트, 밀리의 서재 서비스 시작
- 뉴닉 등 뉴스레터 서비스 활성화
- 트위터 글자수 280자로 확대 (한중일 제외)
- 지면 컬러 광고 활성화, 옥외광고 확대
- 페이스북, 인스타그램 인수
- 구글, 유튜브 인수
- 강남스타일 유튜브 최초 조회수 10억 돌파
- 페이스북 오큘러스 인수
- 오큘러스 신제품 공개

범례: ● 텍스트 ● 이미지 ● 영상 ● VR, AR, MR

정보의 정수

포털, 소셜 미디어 등 정보를 탐색할 바다는 광활한데 왜 직접 찾지 않느냐고요? 내가 찾는 알짜배기 외 필요 없는 부산물이 너무 많거든요. '○○ 하는 방법'을 검색했더니 '○○ 하는 방법, 알아내기 쉽지 않네요'로 끝나는 블로그 글이 나오고, 자극적인 섬네일에 혹해 들어갔더니 '낚시성 영상'인 경험 있으시잖아요. 높은 수준의 콘텐츠를 받아 보고자 하는 욕구도 읽을 수 있습니다. 텍스트에는 이미지와 영상으로는 체득할 수 없는 전문적인 설명이 있거든요. 중요한 계약 서류나 상품 설명서는 여전히 텍스트로 통용되고, 학문과 연구는 언제나 서적에서 출발합니다. 기술이 발달하며 텍스트, 이미지, 영상, VR/AR 순으로 새로운 포맷이 탄생하고 있지만, '텍스트용用'은 영원할 거예요

뉴스레터 운영 현황

분류	특징	예시
저널	• 저널이 기존 섹션을 업그레이드해 별도의 브랜드로 진행 • 인프라를 바탕으로 한 전문성으로 승부	Mint fol in insight
브랜드 저널리즘	• 뉴스룸을 운영하는 기업이 인기 콘텐츠를 뉴스레터로 재가공해 주기적으로 제공하는 방식	SK hynix NEWSROOM Samsung Newsroom
분야별 지식	• 주로 시사, IT, 부동산 특화 • 해외 디자인, 주식 등 소식을 즉각적으로 전달	테크레터 일분톡 NEW NEEK
업무용 정보	• 사회 초년생, 직장인 타깃 • 최신 트렌드, 경제 및 마케팅 소식을 선정해 전달	mirimeeter career·ly
취향 콘텐츠	• 스낵컬처를 즐기는 MZ세대의 취향 반영 • 음악, 전시회, 빵 등 다양한 주제에 특화	빵슐랭 가이드 space oddity

뉴스레터 운영의 기본 세 가지

지피지기 백전불태知彼知己 百戰不殆라고 하죠. 적은 아니라도, 현재 국내 뉴스레터 시장이 어떻게 분류되는지를 파악할 필요가 있습니다. 여러분의 기업 또는 브랜드가 어디에 속하는지 혹은 어디에 차별성을 두면 좋을지를 생각해 보세요.

사용자의 성별, 연령 관심사 등 많은 데이터를 축적한 기존 미디어와 톡톡 튀는 아이디어로 승부하는 제작사까지. 이들과의 경쟁에서 살아남으려면 어떻게 뉴스레터를 운영해야 할까요? 정답은 분명합니다. 첫째, 구독을 확보하세요. 구독 버튼을 누른 사용자는 언제든 우리의 상품과 서비스를 구매할 소비자가 될 수 있습니다. 때문에 프로세스는 최대한 쉽게 구축하고, 양식은 눈에 띄게 노출해 주세요. 공식 홈페이지에서 팝업, 인라인, 플로팅 바/박스 등에 이를 설정한다면 전환율을 높이기 훨씬 수월해질 겁니다. 여기에 간결한 문구와 심플한 디자인을 접목한다면 더 좋고요. 둘째, 친해지세요. 정기 뉴스레터 외에도 다양한 콘텐츠를 발행해 사용자와 돈독한 사이를 유지하세요. 피드백을 받을 수 있는 창구를 활짝 열어 두고, 소통을 멈추지 않는 것도 중요합니다. 셋째, 활용하세요. 신제품 론칭 전 A안과 B안에 대한 테스트를 공유하고, 사용자의 피드백을 수집하는 건 어떨까요? 기업은 데이터를 축적할 수 있고, 사용자는 업계나 브랜드 소식을 가장 먼저 받아볼 수 있으니 원-원win-win 아니겠어요.

미리 만나는 뉴미디어 이야기, 미리밋터

더에스엠씨그룹은 뉴미디어 종합 콘텐츠 기업이라는 인프라를 바탕으로 뉴스레터 플랫폼 〈미리밋터〉mirimeeter를 운영하고 있습니다. 미리 만나는 이야기라는 이름처럼 뉴미디어 플랫폼 업데이트부터 시시각각 바뀌는 콘텐츠 트렌드를 주 1회 업데이트하고 있죠. 이는 50여 명의 전문 조직원으로 구성된 연구팀이 있기에 가능했는데요. 이들은 업계의 흐름을 읽고, 최상의 길을 알려주는 안내자 역할을 수행하고 있습니다. 여기에 소셜 미디어, 유튜브, 캠페인, 커머스, 퍼포먼스 등 세부 카테고리에서 실무를 담당하는 마스터들이 정기적인 스터디를 통해 구체적인 전략과 전술을 내놓고요. 이 고농축 정보가 알알이 모여 미리밋터로 완성됩니다. 사내 인력의 교본이자, 클라이언트와 마케터에게는 학술서 또는 지침서로 말이죠. 구독자가 쌓일수록 미리밋터의 활용성은 넓어질 거예요. 많은 이야기를 나눴지만, 여러분이 이 글을 읽고 있는 바로 지금 또 다른 주제를 들고 있을 겁니다. 오늘의 우리가 궁금하다면, 이곳을 확인해주세요.

미리밋터

참고문헌

나이키 클래식의 대명사, '덩크'의 역사는 어떻게 시작됐을까?, 〈하입비스트〉, 2020.7.7

"네이버 Annual Report 2020", 〈네이버〉

"'必패션'의 첫 걸음은 소재 혁신", 〈패션인사이트〉, 2021.01.25

"신소비 세대와 의·식·주 라이프 트렌드 변화", 〈삼정KPMG〉, 2019

"메조미디어 2020 트렌드 리포트", 〈메조미디어〉, 2019

"트렌드 중 트렌드는? 통계로 보는 MZ세대 트렌드", 〈통계청〉, 2020.10.7

"새로운 소비 방식 '언택트'-코로나19로 보는 산업별 관련 서비스 및 마케팅", 〈한국방송광고진흥공사〉, 2020.05.19

"동영상 골리앗?...이젠 '검색'도 유튜브 시대", 〈나스미디어〉, 2021.05.9

"네이버 '음악라디오' 나우, 첫 돌…"비대면 공연 본격화한다", 〈news1뉴스〉, 2020.09.25

"2학기 강의방식에 대한 선호도 조사", 〈연세대 총학생회〉, 2021

"임영웅 효과 톡톡… 쌍용차 '올 뉴 렉스턴' 쇼케이스 1분만에 완판", 〈서울경제〉, 2020.10.23

"코로나에 앱 사용량 급증, 앱 삭제율도 증가!", 〈앱스플라이어〉, 2020.12.29

"2020년, "온라인으로 취향 나누고 등산하며 보냈다", 〈프립〉, 2020.12.31

"홈트 친구 '유튜브 TOP4'…집에서 몸짱 되기, 〈데일리팝〉, 2020.10.26

"코로나19에 급성장하는 '홈트' 시장…집콕에 지친 확찐자들 '랜선 홈헬족' 변신", 〈매일경제〉, 2020.8.3

"목표 달성 플랫폼 '챌린저스', 50억 시리즈A 투자 유치", 〈플래텀〉, 2021.1.11

"가치 소비 조사", 〈크리테오〉, 2020.12.23

"한국은 ESG 중 G(지배구조)가 가장 중요하다", 〈한국경제〉, 2020.11.16

"'백종원+갓뚜기 효과'…오뚜기 '다시마 2개' 오동통면 1차 '완판'.", 〈파이낸셜뉴스〉, 2020.6.9

"매일유업, '한국에서 가장 존경받는 기업' 4년 연속 선정", 〈농축유통신문〉, 2021.3.3

"'클럽하우스' 왜 떴을까? 가입, 초대방법, 탈퇴, 연예인, 사용법, 안드로이드까지", 〈문화뉴스〉, 2021.3.20

"Z세대에겐 '국민브랜드 없다'", 〈TIN뉴스〉, 2020.10.19

"취업대신 창업…기술·인적 네트워크 갖추면 성공 확률 높다", 〈한국경제〉, 2019.9.2

"스타일쉐어 '스쉐라이브', 작년 하반기 거래액 2배 성장", 〈한국섬유신문〉, 2021.2.22

"'클럽하우스 같은 SNS로 부활'…재기 노리는 '버디버디'", 〈한국경제〉, 2021.3.9

"'5월 부활 예고' 싸이월드, 29일 아이디 찾기·도토리 환불 개시", 〈연합뉴스〉, 2021.4.26

"추억의 버디 싸이월드 돌아온다…세이클럽 알럽스쿨 어떻게 됐나", 〈매일경제〉, 2021.3.27

"곰표 밀맥주, 일주일만에 30만개 판매…수제맥주 1위 등극", 〈시장경제〉, 2020.6.9

"리셀 1000만원?...디올 에어조던이 뭔데?", 〈NEWSIS〉, 2020.10.18

"운동화가 차 한대 값…'에어디올' 리셀가 400% 폭발", 〈머니투데이〉, 2020.7.5

"레이블에서 옥수수를 판 이유", 〈아트인사이트〉, 2020.8.25

"데브시스터즈, '쿠키런 킹덤' 지옥 같은 31시간 연장 점검 끝내고 서비스 정상화", 〈게임동아〉, 2021.1.27

"'널디', 자사몰 매출 50%...D2C 전략 통했다", 〈어패럴뉴스〉, 2021.3.17

"'요기요·G마켓에 가짜 리뷰 올려드립니다'…쉿! 8000원의 '은밀한 제안'", 〈한국경제〉, 2020.9.18

"'식탁을 통째로 정기배달'…식품기업, 구독경제 앞다퉈 가세", 〈이투데이〉, 2021.1.30

"코로나가 불러온 '구독경제' 열풍", 〈KBS NEWS〉, 2020.6.16

"네이버 뛰어넘은 쿠팡 기업가치…'오버밸류' 시각도", 〈매일경제〉, 2021.3.11

"쿠팡 창업자 김범석 작년 158억 보수…32%가 유료회원", 〈노컷뉴스〉, 2021.2.13

"쿠팡, '로켓배송 상품' 무조건 무료배송…네이버 견제 하나", 〈매일경제〉, 2021.4.2

"4000개 이상의 쇼핑몰에 브랜드까지", 〈지그재그〉

"韓 이용자, 지난달 622억분 '유튜브' 봤다", 〈아이뉴스24〉, 2020.12.15

"유튜브, 틱톡 대항마 '쇼츠' 미국서 출시", 〈연합뉴스〉, 2021.3.19

"국내 사용자가 사용하는 검색엔진 비율", 〈인터넷트렌드〉

"틱톡 "MZ세대, 세로형 동영상 광고 선호", 〈아이뉴스24〉, 2021.3.26

"이효리를 이 각도로 보니…3주만에 구독 307만명 카카오TV", 〈중앙일보〉, 2020.9.21

D2C 시대 디지털네이티브 브랜드 어떻게 할 것인가?, 〈푸른커뮤니케이션〉, 김형택, 이승준

지금 팔리는 것들의 비밀, 〈웅진지식하우스〉, 최명화, 김보라

콘텐츠 머니타이제이션

초판 1쇄 발행 2021년 9월 13일

Publisher / Executive Director
김용태

The SMC Content Lab
Lead Editor / Senior Researcher 김소연
Assistant Editor / Researcher 문다정
Designer 박다정

Book Design 김정연

Content Searching Group 더에스엠씨그룹 경영전략본부 / 미래전략본부
Agency 소셜엠씨 / 데이드 / 모티브 / 아이씨에스
Production 쉐이즈필름 / 이젠크리에이티브
Commerce 콘크리
Platform 소프트스피어

출판등록 2011년 3월 30일 제 2021-000024호
주소 서울특별시 강남구 봉은사로 49길 22
대표전화 02-816-9799 팩스 02-6499-1023 이메일 info@thesmc.co.kr

ISBN 979-11-975704-0-7 03320
작가출판은 ㈜더에스엠씨그룹 단행본사업부의 브랜드입니다.
작가의 이야기를 효과적으로 전달하고 독자의 효율적인 선택을 돕는 W2C(Writer 2 Consumer)를 지향합니다.